†

ADRIEN HÉNAULT

CONGRÉGANISTE DE LA SAINTE-VIERGE

ÉLÈVE DU PETIT SÉMINAIRE

DE SAINT-CHERON-LEZ-CHARTRES

Beati mundo corde, quoniam ipsi Deum videbunt. (MATTH., V, 8.)

Bienheureux ceux qui ont le cœur pur, parce qu'ils verront Dieu !

CHARTRES
IMPRIMERIE GARNIER
15, Rue du Grand-Cerf, 15.

1888

†

AUX ÉLÈVES

DU PETIT SÉMINAIRE

DE SAINT-CHERON-LEZ-CHARTRES

Mes chers enfants,

J'accomplis enfin la promesse que je vous ai faite après la mort de votre pieux et regretté condisciple Adrien Hénault, *ravi, il y a près d'un an, à notre commune affection. Vous aurez désormais, dans le récit de sa vie si pure et de sa fin si admirable, une leçon pratique, aussi forte que persuasive, de ce que vous devez faire vous-mêmes pour bien vivre et pour bien mourir.*

La dernière instruction pastorale de notre vénérable Évêque nous rappelait naguère, en termes fort touchants, que l'éducation chrétienne est le fruit des efforts combinés de la famille, du pasteur et du maître.

Ces enseignements précieux, trop peu suivis, hélas! de nos jours, les quelques pages consacrées à la douce mémoire de notre cher enfant vous en fournissent l'application la plus heureuse. Vous y verrez comment de religieux parents, un pieux et zélé pasteur et des maîtres dévoués ont concouru, avec la grâce de Dieu et la docile correspondance de celui qui fut l'objet de leurs soins, à réaliser un de ces types gracieux d'adolescents qu'on prendrait pour des anges dans des corps mortels.

Cette vie, mes enfants, lisez-la, relisez-la sans cesse, mais surtout faites ce que S. Jérôme nous raconte d'un jeune clerc comme vous : la page sainte qu'il avait lue, *dit le Saint Docteur,* il la reproduisait dans sa conduite. *Que d'heureux vous feriez ainsi dans vos familles, dans la maison où s'écoulent vos jeunes années et parmi tous ceux qui vous aiment!*

Je n'ai pas besoin de vous dire qui a tenu la plume pour exprimer si fidèlement les traits de votre bien-aimé condisciple. C'est le maître dévoué à qui j'avais confié la direction de son âme. Personne ne l'a mieux connu; il l'a aimé et pleuré comme un fils, il l'invoque aujourd'hui comme un de ses plus chers protecteurs.

Ce bon Adrien vous protégera, vous aussi, mes chers enfants; il nous protégera tous, si nous voulons nous-mêmes retracer son image dans nos personnes. Je dirai donc à chacun de vous ce que j'aime à répéter en vous exhortant à honorer votre saint patron du séminaire : Inspice et fac secundum exemplar quod tibi in monte monstratum est; *regardez et faites d'après le modèle qui vous a été montré sur la riante colline de Saint-Cheron.*

Oui, vous lirez avec fruit l'histoire de cette existence si courte et si bien remplie, mais cette lecture ne sera pas moins utile à tous ceux qui voudront, comme vous, s'en procurer la jouissance. Pères et mères, pasteurs des âmes, instituteurs et institutrices, enfants et jeunes gens, tous en tireront un profit réel, tous, j'ose le dire, en deviendront meilleurs.

Ce souvenir que je vous offre, mes chers enfants, recevez-le comme un nouveau gage de ma vive et toute paternelle affection.

YCHARD

Supérieur.

Petit Séminaire de Saint-Cheron-lez-Chartres, en la fête de Saint-Joseph, 19 *Mars* 1888.

†

ADRIEN HÉNAULT

CONGRÉGANISTE DE LA SAINTE-VIERGE

ÉLÈVE DU PETIT SÉMINAIRE

DE SAINT-CHERON-LEZ-CHARTRES

Beati mundo corde, quoniam ipsi Deum videbunt. (MATTH. V. 8.)

Bienheureux ceux qui ont le cœur pur, parce qu'ils verront Dieu !

Le mercredi 27 avril dernier, le télégraphe transmettait au petit séminaire de Saint-Cheron une bien douloureuse nouvelle : c'était celle de la mort d'un de nos meilleurs élèves et d'un de mes enfants les plus chers, que, depuis une quinzaine de jours seulement, son état de santé nous avait forcés de remettre aux bons soins de sa famille.

L'édification constante de sa conduite au milieu de nous, et surtout les admirables sentiments qu'il a manifestés dans sa dernière maladie, ont fait souhaiter que le souvenir de si beaux exemples fût conservé précieusement, et qu'à l'aide d'une petite notice, le parfum qui s'en dégage pût embaumer un plus grand nombre d'âmes.

I. — L'ENFANCE

Adrien-Henri-Stanislas Hénault allait atteindre sa 17e année. Il était né à Villeloup, paroisse d'Ozoir-le-Breuil, le 17 mai 1870, d'une famille bien connue dans la contrée pour son irréprochable honorabilité, pour sa bienfaisance héréditaire, et, ce qui vaut mieux encore, pour sa foi religieuse et ses habitudes franchement chrétiennes.

L'enfant eut l'honneur d'avoir pour parrain son grand-oncle, M. l'abbé Hénault, actuellement chanoine honoraire et chapelain de la Providence, à Chartres; et pour marraine feu Mlle Roussille, sa grand'tante, personne d'un mérite et d'une piété remarquables. La mère, qui désirait consacrer un de ses enfants au service des autels, espérait de cette circonstance une bénédiction spéciale pour le nouveau-né et la grâce de la vocation ecclésiastique. Elle ne devait pas être trompée dans son attente.

Par un privilège, qui devient, hélas! de plus en plus rare, Adrien suça avec le lait l'amour de Jésus et de Marie et l'horreur du mal. Sur les genoux maternels, il apprit à bégayer ces douces et naïves prières qui font de l'enfant comme un petit frère des anges, et qui lui ouvrent pour l'avenir le trésor des faveurs divines.

Il grandit, et avec lui grandirent, sous l'œil vigilant de sa pieuse mère, une précoce délicatesse de conscience, et un amour instinctif de la belle vertu de pureté, lequel devait être le cachet de sa vie, comme il l'a été de la vie de son patron bien-aimé, Saint Stanislas Kostka.

De bonne heure, le Curé de la paroisse distingua cette petite âme pour sa candeur et son innocence, et il n'eut pas de peine à développer en elle les germes précieux que le bon Dieu y avait déposés. « Ce qui caractérisait notre cher Adrien, nous écrivait-il naguère, c'était d'abord la modestie angélique que respirait toute sa personne; puis cette douceur de mœurs, cette aménité qui semblait passée dans sa nature. » Supportant tout de la la part des autres, lui ne craignait rien tant que de déranger, de gêner, de faire souffrir : singulière discrétion, qui ne devait que croître avec l'éducation et les années. Il ne demandait rien de ces petites fantaisies, de ces hochets plus ou moins coûteux qu'on accorde si facilement de nos jours aux caprices exigeants du jeune âge : pour lui, il avait toujours assez, il se montrait toujours satisfait. Chéri de Dieu pour son innocence, il l'était des hommes pour cette amabilité prévenante qui le distinguait : *Placens Deo factus est dilectus* (1). Ces mots du texte sacré peuvent résumer toute sa vie dans la famille, à l'école, à l'église ; ils ont été choisis pour former son épitaphe.

Mais quoi donc ! dès sa plus tendre enfance, Adrien était-il sans défaut ? Non pas : il fut, jusque vers sa septième année, très turbulent et passablement volontaire. Il n'arrêtait pas en place ; et bien des fois il causa à sa bonne mère des transes mortelles, quand elle le voyait tourner autour des chevaux ou courir parmi les bêtes à cornes, sans crainte ni précaution. Seulement, lorsque arriva l'âge de raison, il se fit en lui une révolution aussi prompte que merveilleuse : ce fut dès lors ce calme, cette mesure, cette docilité dont jamais plus il ne devait se départir.

Il fit sa première communion à l'âge de douze ans, le 29 mai 1882, jour anniversaire de son baptême. Le cher enfant se présenta à la table sainte, non seulement avec une foi vive et éclairée, mais avec cette pureté qui ravit le cœur de Jésus et attire les divines caresses, et avec cette simplicité que le Père céleste aime à choisir pour confidente de ses augustes secrets. Ce fut alors qu'il entendit plus clairement la voix du Bien-Aimé qui l'appelait à se donner entièrement à Lui. A partir de ce délicieux moment, sa décision fut prise : le Seigneur serait la portion de son héritage et il consacrerait sa vie au service des

(1) Sap. IV, 10.

divertissements de circonstance. Faire jouer, était une des formes de son zèle : il savait que le péché se glisse immanquablement dans les longues conversations : *In multiloquio non decrit peccatum* (1) ! « Naguère à ses instances, écrit un de ses condisciples, on avait répondu : A quoi bon jouer ? Las comme nous sommes, nous pouvons bien rester un peu tranquilles. — A quoi bon jouer ? répartit Adrien ; mais... *pour obéir au règlement.* »

Ainsi, toujours élévation de vues, toujours droiture d'intention, et avec cela fidélité et persévérance. Ces qualités que nous venons de constater dans sa conduite, nous allons les retrouver en lui pour ce qui regarde le travail et la piété.

Dans ses études, j'en ai déjà touché un mot, le succès ne répondait pas à ses efforts et à son application. Mais cela servait uniquement et admirablement à entretenir et à développer en lui la sainte humilité, sans jamais y faire naître le découragement. La pratique assidue de cette vertu, jointe à une rare ingénuité, ne contribua pas peu à incliner le cœur de Dieu vers le cœur de cet enfant, et à établir entre l'un et l'autre une conformité de sentiments étonnante.

Aussi, malgré une sensibilité extrême, dont témoignaient sa joie et son empressement à enregistrer et à faire connaître à ses chers parents les petits avantages qu'il avait pu obtenir, Adrien conservait tout son calme et toute sa sérénité au milieu des épreuves les plus pénibles pour un écolier diligent et consciencieux comme lui. Il les subissait sans plainte ni murmure, quelquefois même il s'en égayait agréablement dans sa correspondance ; d'autres fois, chez moi, dans l'intimité, la peine qu'il en ressentait lui arrachait quelques larmes. Mais toujours il finissait par me dire, comme il le répétait dans toutes ses lettres à sa famille et à son parrain le chanoine : « Je ne me décourage pas : je vais au contraire travailler encore plus

(1) Prov. X. 19.

fort ; surtout je vais prier davantage le bon Dieu et la Très Sainte-Vierge. Priez vous-même beaucoup avec moi et pour moi. La confiance et la persévérance m'obtiendront ce dont j'ai besoin. » Le cher enfant, en effet, commençait à être visiblement exaucé. Cette année, sa mémoire avait pris une élasticité qui rendait sa tâche plus facile et ses efforts plus fructueux: pour les notes de classe, il atteignait un bon niveau, et il avait même du succès dans les examens ; ses places aussi étaient un peu meilleures. Marie récompensait la confiance de son dévoué petit serviteur; je n'en doute pas, au besoin elle eût fait pour lui des miracles, comme pour un autre Albert le Grand ou un autre Claude de Saintes.

La constance, une application soutenue : tel était aussi le cachet particulier de sa piété. Rien n'y était abandonné à l'inspiration du moment, c'est-à-dire au caprice. Tout, au contraire, était prévu et soigneusement déterminé d'avance, comme aussi scrupuleusement accompli. Son attitude modeste et recueillie pendant les exercices religieux, son profond respect et l'ardeur de sa prière au pied des saints autels étaient un sujet d'édification même pour les plus édifiants de ses condisciples. Qu'il faisait bon le voir, ou revenant de la table eucharistique, ou agenouillé devant la statue de Marie, quand la joie du saint amour, comme un rayon du ciel, illuminait sa douce et pâle physionomie !

Sa dévotion n'était point une de ces dévotions toutes de sentiment et, par là-même, passagères ou du moins variables suivant les circonstances. Elle prenait sa source dans de fortes convictions, était soutenue par une volonté ferme et se nourrissait de sacrifices : c'est pourquoi elle était sans défaillance. Rien n'était capable, par exemple, de lui faire oublier ou abréger ses visites au Saint-Sacrement ou à la Sainte-Vierge. Il aimait beaucoup la musique, et ses parents avaient obtenu de M. le Supérieur qu'on lui donnât quelques leçons de piano. En conséquence, à la récréation de quatre heures et demie, il venait chez moi s'exercer un peu; mais, ce n'était jamais qu'après avoir satisfait sa piété en se rendant à la chapelle comme il l'avait déjà fait à la récréation de dix heures, dût-il ne lui rester que quelques minutes à consacrer à son étude favorite.

Rien de plus antipathique à la légèreté du jeune âge, que la persévérance dans des pratiques de piété adoptées quelquefois d'enthousiasme dans un moment de ferveur inconsidérée : on s'enrôle pour une bonne œuvre, on en remplit les conditions pendant quelque temps, puis tout est bientôt oublié. Il n'est pas besoin d'une longue expérience pour constater de ces petites défections si fréquentes, j'allais dire si générales, de la part même des meilleurs enfants : et combien de grandes personnes sont enfants sur ce point ! Adrien, lui, on peut le dire, ne les connaissait pas; et, quand il avait pris un engagement, sa fidélité ne se démentait jamais. C'est ainsi qu'il y a environ deux ans, il avait, comme plusieurs de ses pieux condisciples, adopté la pratique de l'adoration mensuelle. Il fallait chaque mois choisir un jour pour passer une heure, de suite ou en deux fois, devant le Saint-Sacrement, et cette heure il fallait la dérober au temps de la récréation. C'était rude, et on pouvait prévoir qu'un bien petit nombre de bonnes volontés tiendraient devant l'épreuve à laquelle était mise leur constance. Quoi qu'il en soit, le cher enfant resta jusqu'au bout fidèle à cette pratique, seul, je crois, seul de tous ceux qui l'avaient embrassée; et un des dimanches du mois de Mars, le dernier qu'il ait passé entier avec nous, il venait me dire comme il l'avait toujours fait chaque mois jusque-là : « Mon père, je ne suis pas venu au piano aujourd'hui : *j'ai fait mon heure.* » Et il s'en allait joyeux à l'étude, ne se doutant aucunement de l'émotion que m'avaient causée ces simples paroles, ni de la secrète admiration que m'inspirait sa conduite.

Au témoignage de ses condisciples, sa piété se manifestait en toute rencontre. « Dans les conversations, rapporte l'un d'eux, il aimait beaucoup à parler du bon Dieu ou de sujets religieux ; mais, le plus souvent et le plus longtemps possible, il laissait la parole aux autres, afin de dérober sa ferveur sous le voile de l'humilité. » — « Un jour de promenade à la campagne, raconte un autre, nous entendîmes un ouvrier proférer un affreux blasphème. Aussitôt Adrien se mit à faire le signe de la croix et à réciter je ne sais quelle bonne petite prière. *Retournons vite sur nos pas*, dit-il ensuite, *de peur que notre vue n'excite ce pauvre homme à jurer de nouveau. Du retse nous ne sommes plus que deux: il nous faut aller chercher un troisième, pour nous mettre à la règle.* » — D'autres ne se rappellent qu'avec admiration sa profonde religion soit à la chapelle, soit même à l'étude, aux jours de communion surtout, où souvent il arrêtait sur son crucifix des regards enflammés. — Pendant les vacances, son assiduité et son recueillement à l'église faisaient l'édification de toute la paroisse ; les personnes pieuses s'entredemandaient ravies: *Que pensez-vous que sera cet enfant* ? — et elles auguraient merveille de l'avenir du jeune séminariste.

Tout ce qui précède met assez en lumière la foi vive et la générosité de cette petite âme ; et on ne sera pas étonné qu'elle se soit senti un singulier attrait pour la pénitence. La mortification intérieure qui consiste dans l'humiliation acceptée avec amour, dans la circoncision du cœur et des désirs, dans la docilité de l'esprit et l'assujettissement de la volonté, dans la garde de l'imagination et des sens, n'avait point de secret pour notre Adrien. Il y joignait celle qu'impose à tout bon séminariste une fidélité absolue à son règlement, à ses devoirs d'écolier et à ses pieux exercices accomplis dans des vues purement surnaturelles. Mais il y avait aussi une large part dans sa vie pour les mortifications extérieures. Il avait entendu la parole de Saint Paul : *Qui autem sunt Christi* (1), *carnem suam cru-*

(1) Galat. V. 24.

cifixerunt... Ceux qui sont à Jésus-Christ ont crucifié leur chair... Aussi châtiait-il déjà son corps, autant qu'il lui était permis, et le réduisait-il en servitude. Dès la seconde année de son séjour dans notre maison, à la première retraite, il prenait cette résolution que je tire textuellement de son petit carnet spirituel : « *Je ferai au moins deux mortifications par jour.* » Un peu plus loin, je lis : « *Le total en a été, du 21 novembre 1884 au 31 juillet 1885, de 1380 ; soit cinq environ par jour,* » A la fin de l'année scolaire 1885-86, sa ferveur n'est pas moins grande : « *Je prends la résolution*, écrit-il, *de faire au moins trois mortifications par jour.* » Et il a soin de distinguer ces mortifications de celles qui se rattachent à l'observation du règlement et des devoirs d'état : en sorte que nous nous trouvons ici en présence de véritables austérités corporelles, proportionnées à l'âge et à la situation de l'enfant.

La présente année promettait une moisson non moins riche que les précédentes. Voici comme il composait sa gerbe de chaque jour : c'étaient tantôt de petites privations, que son obéissance empêchait de passer les bornes de la discrétion ; tantôt des actes de patience, à supporter le chaud ou le froid dont il s'ingéniait à se faire sentir toutes les rigueurs, comme aussi à endurer sans se plaindre les maux de tête dont il était fréquemment travaillé ; tantôt d'autres petites pratiques de pénitence qu'il s'imposait en punition de quelque infidélité à ses résolutions. En un mot, il s'était fait une loi et une habitude de la souffrance ; et peut-être est-ce à cela, en partie du moins, ainsi que me le disait naguère M. le curé d'Ozoir, qu'il faut attribuer la soudaineté apparente de sa dernière maladie. C'est aussi mon sentiment : je crois de même qu'il souffrait depuis longtemps, mais que, mortifié comme il l'était et craignant d'être obligé de s'arrêter, il avait voulu garder pour lui le secret de ses souffrances.

Il avait donc entendu et il observait la parole du divin

Maître : *Si Quis vult post me venire tollat crucem suam* (1)... *Si quelqu'un veut venir après moi, qu'il porte sa croix...*; mais la pratique de la charité le faisait encore reconnaître pour un fidèle disciple de Jésus-Christ. A l'égard de ses maîtres, sa charité se traduisait d'abord par une estime vraie et un respect inaltérable. Ses insuccès lui valaient bien des désagréments : humiliations, algarades, punitions même quelquefois. Jamais il ne s'en prenait qu'à lui de ses petites peines d'écolier ; jamais, au séminaire ou ailleurs, on n'entendit sortir de sa bouche un mot qui ressemblât à une récrimination, ou qui sentît un peu l'amertume. A l'occasion, il savait prendre, avec modestie, la défense de l'autorité contre les critiques ; plusieurs de ses petits condisciples m'ont dit que la dernière parole qu'ils avaient entendue de lui, était une amicale réprimande à l'adresse d'un jeune censeur indiscret.

J'ai parlé ailleurs de sa soumission et de sa docilité parfaites. Mais, la délicatesse de son âme lui inspirait encore, comme naturellement, une affection sincère et profonde pour ses maîtres et une singulière reconnaissance. Sensible aux moindres marques d'intérêt ou de sollicitude pour son avancement, il n'oubliait pas ceux qui les lui avaient données, et, pour eux, jusque sur son lit de douleur, il avait un pieux souvenir et une prière ardente.

Quant à ses petits camarades, ils se rappellent, eux, sa douceur inaltérable, sa condescendance sans faiblesse, son bon et perpétuel sourire, sa bénigne influence d'aimable pacificateur dans les contestations des jeux, sa crainte de blesser ou d'affliger qui que ce fût, son ingénieuse adresse à défendre ou à consoler ceux qui étaient en butte aux traits de la raillerie et de la malignité écolières. Aussi possédait-il l'affection non moins que l'estime de tous ses condisciples : il avait sur eux un

(1) Matth. XVI. 24.

singulier ascendant, uniquement dû au charme irrésistible qu'exerçait sa vertu et au respect qu'elle inspirait. Du reste, il ne se servait de cette sorte d'autorité qu'avec un tact admirable et pour le bien de tous. Lui-même il aimait ses condisciples d'un amour fort et surnaturel, qui excluait toute amitié particulière, toute mollesse; son cœur virginal était tout à Dieu : il aurait eu horreur de le partager entre le Créateur et les créatures. Sa charité ne lui interdisait pas de reprendre doucement, quand son humilité le lui permettait. Il avait même accepté la charge de moniteur spirituel pour quelques-uns de ses petits compagnons d'études, et il s'en acquittait avec zèle. Il demandait en retour qu'on le surveillât et qu'on lui rendît le même service; mais l'un d'eux me disait naguère que jamais il n'avait pu trouver l'occasion de lui signaler un manquement.

Pendant les vacances, dans sa famille, il apparaissait comme un ange de paix. Plein de respect et de tendresse pour ses bons parents, il mettait sa joie à leur être agréable, à prévenir leurs désirs, à leur rendre dans l'intérieur de la maison, avec une simplicité et un entrain charmants, mille petits services qu'ils n'auraient pas même songé à réclamer de lui.

Avec ses frères et sœurs, toujours d'humeur égale, toujours gai et affectueux, il avait un talent particulier pour maintenir entre eux une bonne et parfaite intelligence, ou pour la rétablir, si par hasard quelque léger nuage l'avait un instant troublée. Aussi était-il le bien-aimé : son amabilité, sa complaisance, sa cordialité le faisaient chérir de tous à l'envi; et, en même temps, sa piété douce et sérieuse à la fois, et sa raison déjà mûre inspiraient même à ses aînés un véritable respect. De leur côté, les domestiques, le voyant toujours si souriant et si digne tout ensemble, éprouvaient pour lui une profonde estime qui allait jusqu'à une sorte de vénération.

Parmi tant et de si belles vertus ne pouvait manquer de se trouver et de briller avec éclat celle qui, entre toutes, distingua les Louis de Gonzague, les Stanislas Kostka, les Berchmans, et qui en fit des anges terrestres. Dans le jardin fermé de cette petite âme, où une si grande variété de fleurs exhalaient discrètement leur suave parfum et laissaient paraître comme à regret leurs riches couleurs, s'épanouissait, revêtu de tous ses charmes, le blanc lis de la sainte chasteté. Adrien n'était encore qu'un tout petit enfant, quand la beauté de cette vertu se révéla à son cœur : il la vit comme incarnée sous les traits du petit Jésus et sous ceux de la divine Vierge immaculée, et il l'aima pour ainsi dire d'instinct. Du reste, il avait le bonheur inappréciable d'appartenir à une de ces familles sérieusement chrétiennes, où le père et la mère se font un devoir rigoureux de veiller par eux-mêmes sur leurs enfants, et n'ont rien de plus à cœur que de leur transmettre et conserver intact le trésor de la foi et des bonnes mœurs. Avec quelle émotion je recevais naguère de leur propre bouche la confidence de leurs inquiétudes, non pas sur la santé ou sur l'avenir temporel de leurs enfants, mais sur leur persévérance dans le bien et sur leur salut éternel. Oh ! bénis soient les pieux et nobles parents dont la tendresse ne s'aveugle pas sur les vrais intérêts de ceux auxquels ils ont donné le jour ; dans l'héroïsme de leur foi, ils préféreraient les voir mourir au printemps de la vie, plutôt que de les voir jamais s'écarter du chemin de la religion et du devoir !

Avec de pareils sentiments, une mère surtout puise, à la source pure d'une piété éclairée et d'un amour fort, des lumières précieuses et d'étonnantes inspirations pour la conduite de la famille que le Ciel lui a donnée. Elle découvre des dangers réels où d'autres n'en soupçonnent même pas ; elle s'ingénie à prendre chaque jour de nouvelles précautions pour sauvegarder l'honneur et l'éclat de sa couronne maternelle, non seulement aux yeux des hommes, mais aux yeux de Dieu même et de ses anges ; elle est sans cesse en éveil, sans cesse en alarmes, où d'autres s'endorment dans une sécurité toujours funeste et souvent bien coupable.

Cher Adrien, combien vous devez vous féliciter d'avoir eu une mère pieuse et vigilante, sur les genoux de laquelle il vous avait été donné d'apprendre, en balbutiant les doux noms de Jésus et de Marie, la crainte du Seigneur et l'amour de l'innocence! C'est grâce à elle (que son humilité me permette de lui rendre cet hommage en votre nom), c'est grâce aux soins exquis et délicats dont elle entoura votre enfance, grâce à sa prévoyance industrieuse, grâce à sa ferme et sage direction, que vous avez gardé la blanche robe de votre baptême et que, selon la conviction de votre digne et vénéré pasteur, vous avez pu la présenter sinon immaculée, du moins pure de toute tache grossière, au Dieu de votre première communion.

Au Séminaire, *viderunt faciem ejus tanquam faciem angeli* (1), en le voyant, on devinait un ange. La plus exacte modestie réglait et composait tout son extérieur. Quelle aimable candeur respirait dans son regard! quelle réserve scrupuleuse dans ses paroles! quelle discrétion attentive dans sa tenue et dans tous ses mouvements! Ce n'était là, du reste, que le reflet et l'épanouissement au dehors de la pureté de cette âme virginale. J'ai eu le bonheur de la voir de près et souvent, soit dans la confession, soit dans la direction; et cette vue, ces rapports intimes ont laissé dans mon cœur des impressions dont, toute ma vie, je garderai précieusement le délicieux et ineffable souvenir. O cher enfant, si, par la grâce de Dieu, j'ai pu vous faire quelque bien, combien ne m'en avez-vous pas fait davantage vous-même sans vous en douter! Heureux le prêtre qui rencontre de tels pénitents!

Comme Jésus à Nazareth, Adrien grandit chaque année, chaque jour, dans son cher asile de Saint-Cheron, en sagesse et en grâce devant Dieu et devant les hommes. Son amour pour la sainte vertu, surtout, alla sans cesse

(1) Act. VI, 15.

croissant; et, en même temps, sa dévotion, déjà singulière, envers le Saint-Sacrement, envers la Sainte-Vierge et Saint-Joseph, prenait un essor extraordinaire. Le bras de Joseph pour appui, le cœur de Marie pour asile, le pain des anges pour nourriture, il sentit se calmer ainsi les pieuses alarmes d'une conscience extrêmement délicate, et grandir et s'exalter en lui la douce confiance d'une fidélité inviolable à sa vertu chérie. Du reste, il l'entourait de toutes les précautions imaginables : vigilance de tous les instants, prière, garde des sens, mortification, fréquentation des sacrements, rien n'était omis de ce qu'il croyait propre à assurer sa persévérance.

A la vue d'un tel ensemble de dispositions et d'une pureté si éminente, je ne pouvais m'empêcher parfois de rêver pour lui du ciel et des anges ; et je me surprenais à me demander, avec une sorte d'effroi, si Dieu n'envierait pas à la terre et s'il ne se hâterait pas de lui enlever un enfant dont elle n'était point digne.

D'année en année, sa prédilection pour la sainte innocence le rendait plus circonspect, plus réservé, plus défiant de lui-même, plus timoré. Pour la sauvegarder, il ne négligeait aucun des moyens qu'on lui suggérait, il était prêt à tous les sacrifices. Voici ce qui se lit dans un de ses petits cahiers spirituels sous la rubrique *Résolutions pour les vacances de 1885 :* « *Je prends la résolution, toutes les fois que j'assisterai à la messe, de dire au moment de la communion : Mon Dieu, je vous offre ma vie, je vous demande la mort mille fois, plutôt que de commettre un seul péché mortel. Je prends aussi la résolution d'offrir une dizaine de chapelet tous les jours à cette même intention.* » Et le péché qu'il a surtout en vue ici, je puis l'assurer avec une entière certitude, c'est le péché contraire à la belle vertu.

Dès lors, ces résolutions se retrouvent, à peu près dans les mêmes termes ou plus explicites encore, dans ses cahiers intimes, comme conclusion et comme fruit de toutes ses retraites ; et désormais, surtout les jours de communion et, plus ardemment encore, les jours de fêtes de la Très Sainte-Vierge, il renouvellera et renouvellera ce qu'il appelle *son offrande*, *sa chère offrande.* Dès lors aussi, sa modestie rayonnera et imposera autour de lui ; elle exercera un véritable empire sur les cœurs et sur les volontés. Sa douce présence, comme celle d'un autre Bernardin de Sienne, suffira pour faire prendre un autre tour aux conversations, je ne dis pas mauvaises, (il ne doit pas s'en rencontrer dans un séminaire) mais tant soit peu légères ou frivoles. « *Taisons-nous*, se dira-t-on, *voici le saint homme qui vient !* »

Tant de qualités aimables et cet ensemble de vertus si précoces et si rares lui valurent, cette année même, une distinction, une faveur sans précédent, qui lui fut bien sensible. Le 25 Mars, jour de l'Annonciation, il était élu à l'unanimité membre titulaire de la Congrégation de la Très Sainte-Vierge, quoiqu'il ne fût encore qu'en quatrième et que, d'après l'usage établi, il dût rester simple approbaniste jusqu'en troisième. Mais une exception s'imposait en faveur d'un sujet si édifiant, et il n'y eut personne, soit parmi les maîtres, soit parmi les élèves, qui n'applaudît de tout cœur à une mesure si clairement justifiée.

Adrien était au comble de ses vœux : il allait être plus particulièrement encore l'enfant de Marie, le protégé de Marie ; il y aurait entre Elle et lui des liens encore plus tendres, plus forts, plus indissolubles. Sa joie débordait; il l'épancha dans une lettre à sa famille, qui fut remarquée de M. le Supérieur, et qui fit venir les larmes aux yeux de ses parents. Ce jour-là, dans toute l'effusion de son âme, il avait renouvelé *sa chère offrande* au moment où il avait reçu la sainte communion : « *Plutôt mourir, oui, mon Dieu, plutôt mourir que de consentir à un péché qui puisse tant soit peu endommager mon innocence !* » Je cite textuellement ses petites notes. Le soir, il la réitéra au pied de l'autel de la Vierge immaculée, avec une résolution et un élan de cœur incomparables. Le ciel l'avait entendue et acceptée ; et bientôt il allait enlever de ce monde le pieux et cher enfant, pour que la séduction du mal ne pût nuire à sa vertu.

Il est parfois, assez souvent même, de jeunes séminaristes qui, après avoir bien commencé, se dérangent, s'attiédissent et font douloureusement regretter la ferveur de leurs débuts. Adrien, lui, loin de reculer, loin de rester stationnaire dans le chemin de la perfection, *avait disposé des ascensions dans son cœur* (1), comme parle la Sainte Écriture, et il n'avait pas cessé un moment de s'élever vers les sommets où l'âme se transfigure. Cette année-ci plus que jamais, chacun de ses jours, pour ainsi dire, avait été marqué par de nouveaux et merveilleux progrès. L'œil le plus clairvoyant, le plus malveillant même, n'aurait pu découvrir le moindre écart à signaler dans sa conduite. Au contraire, son exemple, sa vue seule (plusieurs de ses petits condisciples m'en ont fait la confidence) prêchaient efficacement l'humilité, la modestie, la piété, la charité et l'obéissance. La retraite donnée à la fin de janvier par l'excellent Père Béthune, rédemptoriste, avait encore été pour lui une occasion de renouvellement et une source de faveurs et de consolations spirituelles, pour lesquelles il ne savait comment assez remercier l'Auteur de tout bien. Puis vint le mois de mars, où il pria avec tant d'ardeur son bon Père Saint Joseph, où il redit si souvent sa *chère offrande* au patron de la bonne mort, où il eut la grande joie de se voir élu congréganiste de la Sainte-Vierge. Les plus précieuses grâces descendaient du ciel sur cette âme si belle et si généreuse : Dieu mûrissait le fruit qu'il allait bientôt cueillir !

III. — LA MALADIE.

Cependant rien ne faisait prévoir que le pieux enfant fût si près du terme de sa carrière. Sa santé même, naturellement assez délicate, semblait plutôt s'être consolidée:

(1) Ascensiones in corde suo disposuit. Psalm. LXXXIII. 6.

il dormait bien, mangeait avec assez d'appétit et jouait vaillamment. Il avait bien eu, au commencement du carême, un gros rhume qui, sans nous alarmer précisément, nous avait semblé réclamer quelques soins. Du reste, il parut bientôt avoir pris le dessus; et, dans la semaine de la Passion, je croyais pouvoir lui dire : « Grâce au ciel, selon toute apparence, vous ne serez point obligé cette année d'interrompre vos études. Le bon Dieu vous donne la santé, Il bénit et encourage vos efforts par quelques succès : soyez-Lui bien reconnaissant. » Adrien venait en effet de passer fort honorablement son examen, et il en était dans la jubilation.

L'ouverture de la Semaine-Sainte fut pour lui le signal d'un redoublement de ferveur et de fidélité à tous ses devoirs. Il avait communié le Dimanche des Rameaux ; le jeudi, il faisait sa communion pascale. La toux dont j'ai parlé venait de reparaître, mais nullement d'une façon inquiétante. Il me protestait qu'il n'en souffrait pas : toutoutefois, sur mon conseil, il s'était remis au simple traitement qui lui avait réussi une première fois.

Le lendemain, jour du Vendredi-Saint (un bon jour pour souffrir !), à la récréation de midi, le cher enfant jouait au cerceau avec son entrain ordinaire. Tout à coup, au plus fort de la partie, après un élan suprême pour atteindre le but et l'emporter sur ses rivaux, il est pris d'un vomissement de sang. A cette vue, ses petits condisciples s'arrêtent consternés; lui-même, effrayé, vient vers nous. Je l'emmène, je le fais asseoir et je tâche de le rassurer, tout bouleversé que je fusse moi-même. Cependant, quelques soins et le repos produisirent un salutaire effet, et à nos premières alarmes succéda vite l'espoir que l'accident n'aurait pas de suites fâcheuses.

Quand vint l'heure du *Chemin de la Croix*, il me manifesta son vif regret de ne pouvoir venir le faire avec nous; mais il comprit aussitôt qu'étant lui-même sur la croix par l'infirmité et la souffrance, il n'aurait rien à nous envier pour l'union à Jésus dans sa passion.

La nuit ne fut point mauvaise; le matin, il expectora encore quelques caillots de sang : le flux semblait arrêté ou du moins heureusement enrayé. Néanmoins M. le docteur Chesnel, médecin de la maison, fut consulté, et, sans se prononcer tout à fait sur la gravité de la situation, il voulut que l'enfant fût conduit dans sa famille pour en recevoir les soins et pour y prendre un repos nécessaire.

Le lundi de Pâques, 12 avril, au moment où il prenait congé, j'eus l'inspiration de lui dire: « Mon enfant, vous avez renouvelé votre chère offrande hier en faisant la sainte communion: si le bon Dieu vous prenait au mot et que, pour vous exaucer, il vous rappelât de ce monde? — Eh bien! mon père? » me répondit-il en levant les yeux au ciel, avec un sourire où se lisait la surprise et presque le reproche, le reproche de douter de sa fermeté dans le sacrifice. Comme quelqu'un qui craint d'avoir trop parlé, je me hâtai de détourner la conversation; et je le laissai partir, après avoir reporté sa pensée vers l'espérance d'une prompte guérison et sur les moyens de sanctifier le temps que durerait son épreuve.

Pauvre cher Adrien, s'il avait pu prévoir d'une façon certaine, qu'il ne reverrait plus son séminaire bien-aimé; qu'il ne reverrait plus cette chapelle où il avait goûté de si douces joies, cet autel de Marie où il avait tant prié; qu'il ne reverrait plus ses maîtres vénérés, ses condisciples, ses frères de la Congrégation! Mais, non: le bon Dieu lui épargna pour lors l'amertume d'adieux déchirants. Pourtant, hélas! il emportait la mort dans son sein!

Son professeur fut chargé de l'accompagner et de le remettre à sa famille. Le voyage se fit sans encombre. Tout d'abord, on ne s'inquiéta pas trop à la maison; Adrien se montra si aimable, si souriant, si peu préoccupé de sa personne, que ses parents furent complètement trompés sur son état, et crurent que le repos, un régime fortifiant et l'air natal suffiraient à lui rendre santé et vigueur. Seule, Mme Hénault, avec cette clairvoyance qui est le privilège des mères, conçut dès lors de secrètes alarmes : son cœur s'ouvrait à de sinistres pressentiments qu'elle n'osait s'avouer à elle-même.

Quoi qu'il en soit, le petit malade ne garda pas le lit, et le médecin ne fut pas appelé de suite. Le pauvre père se reprochait plus tard amèrement de n'avoir pas pris ces précautions. C'était bien à tort assurément : l'art et tous les soins n'étaient pas capables de prolonger une existence que Dieu voulait couronner.

Le 17 avril, nous recevions des nouvelles qui n'étaient guère rassurantes. La maladie devait être longue ; le médecin, après un premier vésicatoire, en avait fait appliquer un second ; la toux était moins forte, les crachements de sang avaient cessé ; mais la fièvre s'était déclarée. Néanmoins un bon espoir restait encore au cœur du père qui comptait, disait-il, sur les prières des maîtres et des condisciples du cher enfant pour hâter sa guérison.

Quelques jours après, j'écrivais à Adrien : « Il paraît que vous n'allez pas bien fort, et que votre rétablissement exigera des soins assidus et peut-être un repos prolongé. Heureusement il y a là-haut un médecin dont les cures promptes et merveilleuses déroutent la science terrestre... Nous le prions ici beaucoup pour vous. Vos condisciples de quatrième ont pris à tâche de vous ramener vite parmi eux ; vos grands et vos petits frères, mes enfants comme vous, et puis vos confrères de la Congrégation, tous s'intéressent vivement à votre santé et feront violence au Ciel... » Je l'exhortais ensuite à la patience, à la résignation, à l'union avec Jésus crucifié et avec la bonne Mère Marie. Je lui promettais de lui mettre le soir même un cierge à Notre-Dame du Pilier et un autre à Notre-Dame de Sous-Terre.

Hélas ! le samedi 23, une seconde lettre d'Ozoir venait jeter parmi nous la consternation. M. le Supérieur en donna aussitôt lecture aux élèves réunis au réfectoire pour le déjeuner. L'émotion lui arrachait des larmes et étouffait sa voix. Tous écoutaient haletants, frémissants, bouleversés. Pour moi, moi le père spirituel du petit malade, je n'essayai point de dissimuler mes pleurs et mes sanglots, sûr que l'on comprendrait et que l'on excuserait ma douleur.

Que s'était-il donc passé? La phtisie (car c'en était une) avait fait des progrès effrayants. « La position d'Adrien, disait M. Hénault (sa lettre était du vendredi 22), s'aggrave tous les jours; toute la poitrine est prise et la respiration est extrêmement difficile. Je pense que, malheureusement pour nous, il va falloir faire au bon Dieu le sacrifice de notre cher enfant. C'est un modèle de patience et de résignation. Il nous précédera dans le ciel et sera un intercesseur pour nous auprès de Dieu! Il a reçu le saint Viatique et l'Extrême-Onction, ce matin. Il se recommande aux bonnes prières de tous les professeurs et de tous ses condisciples, et leur envoie ses adieux. » Ciel! à quelles hauteurs notre sainte religion n'élève-t-elle pas les âmes, et quel baume ne sait-elle pas répandre sur toutes les blessures! pour moi, mon cœur se serre et ma main tremble en transcrivant ces lignes si simples et si touchantes à la fois.

Grâce à l'obligeance de la bonne Supérieure des Sœurs d'Ozoir, qui a bien voulu me faire part de tout ce qu'elle a vu et entendu auprès du petit malade, je vais pouvoir entrer dans des détails circonstanciés sur les derniers jours qu'Adrien a passés ici-bas: ces détails seront bien précieux, j'en suis sûr, pour ceux qui l'ont connu, et non moins édifiants, je l'espère, pour ceux qui ne le connaîtront qu'en les lisant. — Il me faut reprendre les choses d'un peu plus haut.

Dès les premiers jours de la semaine de la Quasimodo (20 avril), l'état du cher enfant devint tout à fait alarmant. La faiblesse était très grande; l'oppression augmentait en même temps que la fièvre. Dans la nuit du jeudi et du vendredi, le pouls donna jusqu'à 120 pulsations à la minute; la transpiration était très abondante, les souffrances très vives, mais endurées avec un calme et une paix extraordinaires. A tout instant le pieux malade faisait monter vers le ciel d'ardentes oraisons jaculatoires; il multipliait les actes de contrition et d'amour de Dieu: en un mot, sa ferveur était admirable. Sur le matin, pendant que la famille prenait un peu de repos après plusieurs nuits blanches, la bonne Sœur Supérieure, qui le veillait, crut s'apercevoir qu'il déclinait sensiblement, et craignit que le moment suprême ne fût proche. Anxieuse, éplorée, elle éveille Mme Hénault qui sommeillait tout près du lit de son fils bien-aimé, lui fait part de ses inquiétudes, et lui dit qu'il faut avertir M. le Curé de venir au plus tôt administrer au petit moribond les derniers sacrements. La pauvre mère reste d'abord comme atterrée; puis, s'étant recueillie, elle trouve dans sa foi et dans la prière la force de faire à Dieu le sacrifice qu'Il exige, et d'aller elle-même préparer à l'immolation son mari et ses enfants.

Cependant Adrien fut averti de se disposer à recevoir les derniers secours de la religion. Il ne témoigna ni émotion, ni surprise; au contraire, une sainte joie illumina son visage d'un rayonnement céleste: sans doute il entrevoyait déjà les splendeurs et les délices de la patrie. Dès lors, il s'absorba tout entier en Dieu. Il ne parlait plus que pour dire: « *Venez, mon bon Jésus, venez!* » ou pour demander à la sœur: « Est-ce que Monsieur le Curé ne va pas arriver bientôt ? » De temps en temps aussi, avec un doux sourire, il regardait la table dressée pour recevoir la sainte Eucharistie, et manifestait de la sorte l'ardeur de ses désirs et de son amour.

Enfin, voici Monsieur le Curé. Adrien se recueille plus profondément encore et prie avec une ferveur d'ange. Le pasteur bénit et exhorte son cher séminariste, mais il peut à peine maîtriser son émotion. « Jamais, m'a-t-il dit depuis, jamais, si ce n'est dans les récits de la Vie des Saints, je n'ai rencontré de semblables dispositions! » N'est-ce pas le cas de dire et de répéter que la fidélité à la loi du Seigneur donne aux enfants mêmes une vertu et une sagesse bien au-dessus de leur âge : *Super senes intellexi quia mandata tua quæsivi* (1) ! Le petit malade reçut donc le saint Viatique et l'Extrême-Onction avec une présence d'esprit, avec une foi et une résignation admirables. Pendant qu'on fondait en larmes autour de sa couche, lui disait : « Oh ! ne pleurez pas ; priez plutôt pour moi, afin que je sois moins longtemps en Purgatoire ! » Un de ses patrons était le bienheureux Stanislas Kostka : « C'est bien un autre Stanislas dans son dernier combat ! » m'écrivait la digne Supérieure.

Les effets des derniers sacrements ne furent pas seulement spirituels : ils s'étendirent au corps. Une notable amélioration se manifesta promptement dans l'état du malade ; l'oppression disparut presque entièrement. La journée du samedi fut bonne : sans doute, c'était la douce Vierge Marie qui avait ménagé ce répit à son cher petit congréganiste. L'espoir revenait au cœur des pauvres parents ; et la sœur leur disait que Dieu, semblait-il, satisfait des gages qu'ils Lui avaient donnés de leur complète soumission à son adorable volonté, allait, comme autrefois à Abraham, leur laisser leur Isaac bien-aimé. Mais l'illusion fut courte. Le soir, la fièvre reparut ; et la nuit fut très agitée et très pénible.

Le lendemain, dimanche 24, j'avais le bonheur de passer quelques heures auprès d'Adrien, et d'être le témoin ravi de sa patience, de sa douceur, de sa résignation absolue. « Mon père, me disait-il, je suis bien content : que vous êtes bon d'être venu ! » Hélas ! dans quel état je le revoyais ! A tout moment, la sueur ruisselait sur son front ; il ne pouvait se dresser, ni même se remuer sur son lit, à cause de son extrême faiblesse et des plaies dont les vésicatoires avaient couvert son corps endolori ; il osait à peine parler, dans la crainte de provoquer une toux qui lui déchirait la poitrine. Cependant, son visage était à peine altéré ; ses traits, un peu fatigués, gardaient

(1) Psalm. CXVIII. 100.

toujours la même expression de calme et de douceur; et son bon sourire, que la souffrance n'avait pu exiler de ses lèvres, empruntait de la souffrance même un charme de plus. Mon Dieu ! quel beau spectacle que celui de la douleur supportée avec amour et patience !

J'avais apporté une image, des litanies et un peu de l'huile miraculeuse de la Sainte-Face. Il fut convenu que le malade et toute la famille s'uniraient à la neuvaine qui devait commencer le lendemain au sanctuaire de Tours et au petit séminaire pour sa guérison. « *Je la demanderai,* me disait-il, *si tel est le bon plaisir de Dieu* ! » Cette parole me fit trop entendre que notre Adrien était mûr pour le ciel.

Naturellement, la peine des parents était profonde, immense; mais grande aussi était leur consolation, à eux chrétiens pleins de foi, de voir dans leur petit malade de si sublimes dispositions : eux-mêmes ne pouvaient se défendre d'en parler avec une admiration mêlée de larmes. « Monsieur l'abbé, c'est un ange ! » s'oublia à me dire devant lui la pieuse et pourtant si discrète mère, dans un moment de distraction et d'enthousiasme. Je crus de mon devoir de détruire la fâcheuse impression qu'aurait pu produire une telle parole sur l'âme de mon pénitent. Mais à sa réponse, je vis bien que la vaine gloire n'avait pas de prise sur lui. Je l'engageai cependant à faire souvent des actes d'humilité et de contrition. Il me dit qu'il n'y manquait pas. Je lui demandai ensuite si le démon ne lui livrait pas des assauts : « Oh ! si, me répondit-il; mais, grâce à la prière et à la protection de Marie, j'en triomphe heureusement et facilement. » Puis il ajouta avec une joie singulière ; « Ici le chapelet se dit en famille tous les soirs; depuis que je suis malade, on vient le réciter au pied de mon lit : maman préside, mon père et mes frères répondent; moi, je m'unis de cœur quand je ne puis le faire de bouche. » Cette révélation m'attendrit sans me surprendre, connaissant le milieu où je me trouvais. Pourquoi faut-il que cette vieille et si touchante pratique de la prière en commun ne se trouve plus que rarement en usage même dans les maisons chrétiennes, malgré les bénédictions qui lui sont promises de la bouche même de Notre-Seigneur-Jésus-Christ ?

Quelque temps après, il me fit la confidence qu'en recevant le saint Viatique il avait de toute son âme renouvelé *sa chère offrande* : « Seigneur, plutôt mourir mille fois que de perdre l'innocence ! » Je lui dis alors que, si le bon Dieu prenait sa vie, il serait en quelque façon martyr de la sainte vertu ; « Oui, oui ! mon père » me répondit-il avec un sourire céleste et une expression indéfinissable. Je compris encore mieux qu'il fallait dire adieu à mon cher enfant ! Le ciel allait reprendre l'ange qu'il n'avait fait que prêter à la terre !

Vers une heure de l'après-midi, nous récitions près de lui les litanies de la Sainte-Face, et je lui faisais la première onction avec l'huile miraculeuse. On convint qu'une goutte de cette huile serait mêlée à toutes les potions qu'on lui présenterait. Les parents, sous l'inspiration de la bonne sœur, avaient déjà fait le vœu d'établir dans l'église d'Ozoir le culte de la Sainte Image, si le petit malade revenait à la santé. Tout, hélas ! devait être inutile. C'est ce que j'osais leur faire entendre, à mon départ, les sachant à la hauteur d'un pareil langage : « Presque tout le séminaire aura communié ce matin à l'intention du cher malade ; on a beaucoup prié déjà pour lui, on va prier davantage encore. Pourtant, je crains que nous ne soyons pas exaucés : *Il est trop bien disposé !*... le pourrait-il jamais être mieux ?... »

Adrien était on ne peut plus facile à soigner : jamais une plainte, jamais une impatience. Lui-même avertissait, quand le moment était venu de lui donner soit du bouillon, soit quelque médicament. Aux moindres services il répondait par un affectueux « merci, papa ! merci, maman ! » accompagné d'un sourire. Malgré les représentations qui lui furent faites à ce sujet, dans la pensée de lui épargner de la fatigue, on ne put gagner sur lui qu'il se dispensât de cette formule de la reconnaissance ; le *merci !* lui échappait toujours ; et ce serait ainsi jusqu'à la fin.

Il me dit encore qu'il ne pouvait faire de longues prières, mais qu'il faisait souvent des oraisons jaculatoires ; qu'il offrait ses souffrances au bon Dieu pour l'expiation de ses péchés ; que, selon mon conseil, il multiplierait les actes de foi, d'espérance, de charité et de contrition. Quoiqu'il m'eût déclaré, avec sa bonne simplicité, n'éprouver aucun tourment, aucune inquiétude de conscience, je voulus, avant de partir, lui donner une absolution, moins pour purifier qne pour fortifier son âme par la vertu du sacrement : il s'y prépara et la reçut avec joie. Comme je lui demandais s'il n'avait point eu peur de la mort quand il s'était agi pour lui de recevoir l'Extrême-Onction : « Oh ! non, mon père, me répondit-il ; j'étais prêt, et je le suis encore, à tout accepter de la main de Dieu ! »

L'heure était venue pour moi de le quitter ; sûr de son courage et de sa parfaite résignation, je lui parle sans détour du passage de cette vie à une meilleure, je lui fais mes recommandations pour la terre et pour le ciel. Il acquiesce à tout ; il sourit à tout. Enfin, je l'embrasse, je le bénis, et je m'arrache avec déchirement de ce lit près duquel un charme invincible me retenait. Il lui échappa alors, m'a-t-on dit, quelques larmes furtives : c'étaient les premières, et ce devaient être les dernières ! Mais il les essuya promptement, et la sérénité de son âme n'en fut pas un instant troublée. Sans doute, il pressentait qu'il ne me reverrait plus ici-bas.

La nuit du dimanche fut, comme les précédentes du reste, très pénible. C'étaient, avec la flèvre et une transpiration abondante, des quintes douloureuses et de nouvelles souffrances occasionnées par l'application d'un quatrième vésicatoire. Beaucoup d'accablement, mais pas une minute de vrai sommeil. Malgré tout, douceur inaltérable, prière et recueillement continuels, docilité scrupuleuse aux ordonnances du médecin, goût sensible, semblait-il, des épreuves et de la douleur.

La journée du lundi fut relativement calme ; le cher malade redoublait de piété et d'amabilité. Si parfois on lui disait que la Sainte Face allait le guérir, il ne répondait que par un sourire où se reflétaient à la fois et sa résignation et son désir de voir le bon Dieu.

Ce jour-là, en même temps qu'à Villeloup et à Tours, la neuvaine commençait au petit séminaire. Quoiqu'elle ne fût pas officielle ni publique, mais libre et privée, l'empressement général des élèves à aller réciter dévotement les litanies devant la Sainte Image exposée, montra bien jusqu'à quel point Adrien avait su se concilier l'estime et l'affection de tous. Plusieurs récitaient les prières de la neuvaine deux et trois fois. Dans la maison, l'impression était profonde et salutaire ; l'éloge du cher absent était dans toutes les bouches : non seulement les maîtres et les élèves, mais les sœurs, les domestiques même s'édifiaient du souvenir de sa piété éminente et de sa conduite toujours et partout irréprochable.

Quant à son directeur, qui revenait d'auprès de lui non moins émerveillé qu'attendri de tout ce qu'il avait vu et entendu, il faisait la neuvaine, on le pense bien, de toute l'ardeur de son âme. Toutefois, c'est à peine s'il osait implorer la guérison de son cher enfant ; il l'implorait, mais il se le reprochait presque : il se demandait si ce n'était point aller visiblement contre les desseins de la Providence, et si jamais le pieux malade pourrait être plus sûr de son Paradis.

J'avais pris la résolution de lui écrire tous les jours, pour contribuer de loin, autant qu'il était en moi, à entretenir et à perfectionner encore ses excellentes dispositions. Fort de la connaissance que j'avais de sa foi et de sa résignation, de la foi et de la résignation de ses parents, je lui parlais, à cœur ouvert, de la mort et de l'éternité. Ce jour-là je lui écrivais entre autres choses : « Ce que vous avez dit et répété tant de fois : Plutôt mourir que de perdre l'amitié du bon Dieu ! dites-le encore, cher enfant, et répétez-le avec une ardeur toujours nouvelle. Dieu aurait-il accepté votre sacrifice ? nous n'en savons rien. En tout cas, il est fait, et vous le réitérez, n'est-ce pas ? » Puis je lui formulais de brefs actes de foi, d'espérance et de charité. Venait ensuite celui de contrition : « Mon Dieu, pardon, pardon! je vous offre mes souffrances, j'accepte la mort en expiation de mes péchés et en réparation de votre gloire ! » Plus bas : « Pensez à la passion de Notre-Seigneur; mettez-vous avec Lui sur la croix; reposez votre tête endolorie sur son cœur si aimant. Souffrez pour Jésus et avec Jésus, acceptant et voulant ce qu'il Lui plaira : la mort ou la vie ; et répétez fréquemment ces paroles : *In manus tuas, Domine, commendo spiritum meum* (1). » Puissé-je mériter qu'on me parle avec cette liberté, à mes derniers moments !

Mais il est temps de retourner à Villeloup, près du petit moribond, pour continuer d'y recevoir de sublimes leçons et d'inoubliables exemples.

Dans la nuit du lundi au mardi, vers 11 heures, le cher malade eut une forte crise accompagnée d'étouffements : on crut qu'il allait passer. En un instant, toute la famille est rassemblée autour de lui et récite les prières des agonisants avec la bonne Sœur, de laquelle je tiens ces détails et presque tous ceux qui vont suivre. Les prières terminées, Adrien retrouve un peu de calme, reprend la parole, et appelle à son chevet son père et sa mère. C'était pour leur demander pardon ! Mais, mon enfant, dit Mme Hénault, tu ne nous as jamais fait de peine. » — « Oh ! si, maman, reprit-il, quand j'étais petit ! » J'ai dit, on s'en souvient, que, jusque vers sept ans, il s'était montré impétueux et turbulent de caractère.

Puis, s'adressant à ses frères Charles et Jules, il leur fait de pressantes exhortations : « Aimez bien le bon Dieu, leur recommande-t-il, et servez-le fidèlement ; évitez avec

(1) Seigneur, je remets mon âme entre vos mains. (Office de l'Églsie à Complies.)

soin le péché et gardez votre cœur pur, afin que nous soyons tous réunis un jour dans le Paradis. » Ensuite, en appuyant fortement sur chaque mot : « *Chers frères*, continue-t-il, *il faut tout faire par amour pour le bon Dieu !* » N'est-ce pas là comme un écho des dernières paroles « Tout pour Dieu ! » que prononçait en expirant notre regretté M. Chau ? L'âme du professeur de rhétorique et celle du petit élève de quatrième se rencontraient dans les mêmes sentiments ici-bas, avant de se rencontrer là-haut dans la même possession des joies éternelles.

« Moi aussi (c'est la Supérieure d'Ozoir elle-même qui parle), moi aussi je devais être un moment l'objet de son attention. Et comme il me remerciait des soins que je lui prodiguais, je lui répondis que j'étais bien dédommagée de ma peine par le bonheur de soigner *un petit saint.* Aussitôt il me reprend avec une sorte d'indignation, et tout frémissant : — O ma sœur, ne me dites pas cela, vous allez me donner de l'orgueil ! — Frappée de sa réponse et du ton de crainte et de répulsion qu'il y avait mis, je me gardai bien de recommencer à rien dire qui pût donner de l'ombrage à son humilité. »

Plus tard, sa mère s'étant approchée et le trouvant moins oppressé, lui dit : « Cher enfant, la Sainte Face va peut-être te guérir tout à fait. » Lui, un peu surpris et déconcerté : « O bonne maman, répondit-il, je n'irais donc pas au Paradis ? — Mais tu iras plus tard ; le bon Dieu veut peut-être te faire la grâce de travailler au salut des âmes... » Il adressa à sa mère un long et tendre regard avec un sourire mélancolique ; puis il s'absorba dans le silence et le recueillement n'osant pas encore communiquer aux siens les lumières qu'il avait sans doute sur sa fin prochaine.

Quelque temps après cette scène si touchante, Adrien réclame son pasteur. Celui-ci arrive au bout d'une heure et s'installe au chevet de son cher petit séminariste. Ils s'entretiennent un instant cœur à cœur. Ensuite M. le

Curé reprend les prières des agonisants auxquelles le fervent malade répond avec un sang-froid et une piété extraordinaires. Le reste de la nuit, il le passe à produire de lui-même de brûlantes aspirations, ou à répéter docilement celles qu'on lui suggère.

On avait posé devant lui le crucifix, pour qu'il pût ne pas le perdre de vue. Soudain, comme dans un transport d'amour, il le saisit, le baise fortement et à coups répétés, le serre avec une fiévreuse énergie contre sa poitrine, et le tient ainsi étroitement embrassé jusqu'au jour.

Quel spectacle! ce n'était pas encore le ciel, mais ce n'était plus la terre! On se surprenait à oublier bien involontairement l'état si grave du pauvre malade, pour ne plus voir que la transfiguration et la gloire de l'élu du bon Dieu. Cependant, en somme, la nuit avait été très douloureuse et très critique; plus d'une fois, le visage pâle et défait du cher Adrien avait paru se couvrir des ombres de la mort; plus d'une fois, l'extrême faiblesse et les suffocations avaient fait craindre un dénouement précipité.

A partir de 7 heures du matin, le mardi, un certain mieux se manifesta. M. le Curé était allé dire la messe. Ensuite il écrivait à M. le Supérieur: « Nous sommes ici témoins attendris d'un beau sacrifice et d'une belle immolation. Je retourne à Villeloup recevoir les derniers soupirs de notre cher Adrien. Il n'a point discontinué de prier, et avec quelle paix, quel amour! Sa prière va finir au pied de son Juge et dans les bras de Jésus et de Marie. Que sa mort est précieuse et digne d'envie! Il n'a cessé de sourire à nos larmes et à notre présence. Pas un murmure, pas un mot de plainte. — Maman, tu prieras bien pour moi, quand je serai en Purgatoire! — C'est là son unique préoccupation. Pas une seule fois il n'a demandé la santé, ni même du soulagement. » Mieux que jamais le cher enfant comprenait le prix de la souffrance, et il voulait boire jusqu'à la lie le calice que la main du Seigneur lui présentait.

A neuf heures, M. le Curé, de retour près du malade, continuait ainsi la lettre commencée au presbytère : « La mère est admirable de résignation ! Elle vient de lire elle-même à l'oreille de son cher enfant la lettre si touchante de l'abbé D... L'agonie se prolonge, Dieu épure la victime ! »

Vers les dix heures, les étouffements disparaissent, la respiration se dégage ; le petit malade semble revivre. Profitant de cette accalmie, M. le Curé lui annonce qu'il va lui apporter une seconde fois le Saint Viatique. A cette nouvelle, Adrien est tout à la joie ; son visage s'illumine et rayonne ; sa prière et ses aspirations sont continuelles : « Venez, mon bon Jésus ! » dit-il souvent, avec une intraduisible expression de tendresse et de désir. Enfin, Jésus arrive, et le malade le reçoit avec des sentiments de piété qui ravissent tous les assistants. Deux cœurs amis sont posés l'un sur l'autre ! L'heureux enfant savoure avec délices le pain des anges : il semble un instant que, pour cette âme si pure, la foi n'a plus de voiles et que le ciel a commencé.

Après l'action de grâces qui suivit cette dernière et si fervente communion, les effets intérieurs de la Sainte Eucharistie réagirent sur le physique : on eût dit que le cher enfant fût à moitié guéri. Il était de plus en plus aimable, de plus en plus docile, de plus en plus mortifié. Il souriait doucement à toutes les personnes qui venaient le visiter, et il les étonnait par ses paroles prévenantes et ses attentions délicates. La Supérieure des bonnes sœurs d'Ozoir, qui s'était faite sa garde-malade et qui ne pouvait se résoudre à le quitter, lui présenta une nouvelle potion : « Oh ! elle est bien mauvaise, dit-il après l'avoir goûtée, mais je vais la prendre par mortification et par obéissance : mon père spirituel me le commande ! » Du reste, témoigne-t-elle aussi avec admiration, « jamais il n'a rien refusé dans tout le traitement qu'on lui a fait suivre ; et il n'a jamais fait entendre une plainte ou un murmure, pas même lorsqu'on lui pansait ses vésicatoires.

Il avait une couverture de laine très chaude et très lourde : on s'aperçut qu'il en était beaucoup incommodé; lui n'en avait rien dit jusque-là. Sa mère, en lui donnant celle du lit voisin, reprocha doucement à son Adrien de ne s'être pas plaint plus tôt. « Mais, maman, répondit-il, cela va te déranger de changer de couverture : tu auras trop chaud ! » N'est-ce pas bien là cet enfant dont nous disions que le cachet de sa vertu était de *tout souffrir lui-même, sans rien faire souffrir aux autres* ?

Sa résignation était toujours la même. Ce jour-là, après qu'il eut reçu le Saint Viatique, la sœur lui demanda : « Vous aurez bien pensé à implorer du bon Jésus votre guérison ? » Il ne répondit d'abord que par un regard où se lisait un blâme; enfin il rompit le silence pour dire *qu'il avait demandé la volonté de Dieu.* Lui-même savait encourager et consoler ses pauvres parents. Il redoublait de respect et de tendresse à leur égard. Il ne procédait plus autrement avec eux que par *Mon bon papa, ma bonne maman, cher frère !*

A midi, pendant le dîner de la famille, il demanda à son père resté près de sa couche, qu'on réunît autour de lui tous les serviteurs de la maison : il voulait leur serrer la main et leur faire ses adieux. Aussitôt après le repas, on s'empressa de donner satisfaction à un désir qui répondait si bien au désir des domestiques eux-mêmes. Quand tout le monde fut arrivé, il dit à sa chère garde-malade : « Faites mettre à genoux, et récitez à haute voix une prière, pour que la volonté du bon Dieu s'accomplisse sur moi par ma guérison ou par mon entrée au ciel. » On pria, et qui dira l'émotion et l'ardeur de cette prière ? Puis les pauvres gens, émerveillés et tout en larmes, s'approchèrent à tour de rôle de leur jeune maître. Celui-ci donna à chacun une cordiale poignée de main, dit à chacun aussi un petit mot de bon souvenir et d'affectueuse sympathie, sans oublier d'y joindre une pieuse recommandation. Enfin, il les congédia en ces termes : « Je vais vous quitter; mais, soyez fidèles au bon Dieu, et nous nous reverrons, j'espère, au Ciel! » Assurément il avait conscience d'exercer, en un pareil moment, à l'égard de ces âmes, un fructueux apostolat; et, dans l'ardeur de son zèle, il comptait qu'elles allaient remporter d'auprès de son lit d'agonie des impressions ineffaçables, qui seraient peut-être un jour pour elles un principe de conversion et de salut.

Sur les quatre heures du soir arriva de la pension sa sœur Marthe qu'il aimait beaucoup; comme elle se lamentait et pleurait à chaudes larmes près de son frère, celui-ci lui dit d'un ton ferme : « Voyons, voyons! petite sœur, du courage! tu vois bien que je ne pleure pas, moi! » O mystères de sagesse et de grâce! où donc cet enfant, dans l'accablement de la nature, a-t-il puisé cette énergie surhumaine, cet héroïsme à la fois tranquille et sublime? La réponse, la voici : « *Mirabilis Deus in sanctis suis* (1), Dieu est admirable dans ses saints! »

En quels termes parlerai-je de sa piété durant ces derniers jours! Combien n'était-elle pas affectueuse en même temps qu'éclairée! Toutes les fois qu'on le changeait de linge, il ne manquait pas de réclamer aussitôt son scapulaire, ses médailles et sa petite croix qu'il baisait tendrement : il aurait voulu ne pas s'en séparer un instant. La Sainte Face était près de lui : que de fois ses yeux se reposaient sur la vénérable Image et semblaient ne pouvoir s'en détacher! Oh! quels regards de supplication ardente et d'indicible amour!

Dans la soirée, une des compagnes de la sœur Supérieure, étant venue le voir, fut ravie de sa ferveur et de sa constance : « Mais lui dit-elle, vous priez donc toujours? — Oh! à peu près, ma sœur, répondit-il avec sa simplicité ordinaire; ce sont des aspirations que je fais. » Puis il ajouta : « Connaissez-vous mon nouveau titre? Je suis congréganiste, enfant de Marie! » A ces mots, une joie inexprimable inonda son âme et se répandit sur les traits de son visage en un reflet tout céleste. La sœur resta

(1) Psalm. LXVII, 36.

plongée dans une muette admiration. — O vous, confrères du cher petit défunt, aimez comme lui la douce Vierge, afin d'être comme lui aimés et bénis d'Elle pendant la vie et à la mort!

Jamais Adrien n'était plus heureux que lorsqu'on lui suggérait de pieuses invocations, ou qu'il voyait du monde à genoux autour de son lit. Cette dernière consolation lui était largement accordée. Toujours il y avait quelque membre de la famille prosterné dans quelque coin pour réciter le chapelet ou d'autres prières. La neuvaine à la Sainte Face se faisait quatre ou cinq fois le jour. Ni les fatigues excessives du corps, ni les déchirements de l'âme n'empêchaient la mère de présider aux exercices religieux communs et de les faire elle-même, puisant dans sa foi une énergie toujours nouvelle et singulièrement communicative.

Bref, la journée du mardi avait été bonne; on put croire qu'on avait obtenu un sursis : le danger de mort ne paraissait plus imminent. M. le Curé pensait même que le cher enfant attendrait les premiers jours de mai pour achever son sacrifice et pour aller fêter au ciel le mois de sa divine Mère. Mais la nuit du mardi au mercredi devait être une nuit de nouvelles alarmes; elle allait mettre encore une fois les pauvres parents en face du dénouement si redouté.

Le calme, la gaieté même du petit malade pendant la journée, l'amélioration sensible qui avait paru se produire dans son état, tout cela avait un peu rassuré la famille; et elle avait consenti à prendre quelques heures de repos. La bonne Sœur Supérieure avait commencé seule la veille au chevet d'Adrien. Tout alla bien d'abord. Il sanctifiait sa pénible insomnie en formulant lui-même de brûlantes oraisons jaculatoires, ou en répétant pieusement celles que lui suggérait sa garde malade. Mais bientôt ses forces défaillent, sa respiration devient très gênée, son visage, jusque-là si souriant, s'altère. Vers onze heures, à l'oppression ordinaire succèdent des étouffements aigus; des symptômes effrayants se manifestent : une pâleur de mort se répand sur les traits du cher enfant. La sœur lui adresse la parole : pas de réponse, plus de connaissance, ce semble. C'en est fait, pense-t-elle ! et aussitôt elle appelle les parents : « Levez-vous, crie-t-elle, vite, vite ! Adrien se meurt ! »

En un instant, tout le monde est sur pied. La mère arrive la première ; elle approche en tremblant pour dire un dernier adieu à son fils bien-aimé. Elle le trouve pâle, haletant, inondé d'une sueur froide. Ce spectacle perce son cœur maternel d'un glaive de douleur : elle chancelle !... Mais la foi triomphe encore de la nature ; et, tandis que le père, les frères, la sœur du petit moribond, accourus près du lit où il agonise, pleurent, sanglotent ou prient à genoux, elle, debout, comme Marie au pied de la croix, plus forte que l'épreuve, elle dit à son Adrien à travers ses larmes, mais d'une voix ferme et assurée : « Pars, mon cher fils, pars pour le ciel ! va près du bon Dieu jouir de l'éternel bonheur ; va nous préparer une place, afin qu'un jour nous soyons tous réunis ! »

Après ces paroles de sa mère, Adrien revint à lui comme au sortir d'un lourd sommeil, et il dit : « Bonne maman, ne te tourmente pas ainsi ; je ne suis pas plus mal ; je dormais : ma sœur s'est trompée. » En même temps son regard s'anime, ses lèvres se colorent, son visage se rassérène : son bon sourire console et rassure. C'est à peine si les témoins de cette scène en peuvent croire leurs yeux et leurs oreilles. Il ne prononce pas ce verset du psaume, si sublime dans la bouche d'un saint expirant : « *Lœtatus sum in his quæ dicta sunt mihi : in domum Domini ibimus* (1), — je me suis réjoui à cette annonce qu'on m'a faite : nous irons dans la maison du Seigneur, » — mais il y fait penser ; mieux que cela, il en montre la réalisation effective et mystérieuse dans toute sa personne et dans toute sa conduite. La joie du ciel inonde son âme ;

(1) Psalm. CXXI. 1.

et cette joie ineffable qui enchante pour lui la souffrance et lui rend la plainte comme impossible, se traduit au dehors par une gaieté douce et perpétuelle. Elle lui donne pour les siens le secret d'attentions et de consolations d'une délicatesse exquise; elle lui inspire des saillies aimables, des mots d'un à propos délicieux qui dérident, malgré elles, les personnes présentes. Plus il sentira sa fin approcher, plus il semblera prendre à tâche d'adoucir ainsi l'affliction de sa chère famille. On n'ose pas pleurer en face de cette paix et de ce sourire!

Le reste de la nuit se passa assez tranquillement. Parfois cependant, nouveau et grave symptôme, le malade se perdait un peu dans ses idées, par suite de sa faiblesse extrême et de la fièvre qui ne le quittait point; mais il suffisait de lui parler pour le remettre en possession de toutes ses facultés. Du reste, jusque dans ce délire passager, c'était toujours la même piété, la même ferveur.

Le matin du mercredi, en partant pour la messe, la bonne sœur dit au petit moribond que ses compagnes et elle allaient faire la sainte communion en l'honneur de saint Joseph, pour lui obtenir la grâce d'une bonne mort. Adrien, le plus tranquillement du monde, la remercia d'un sourire plein de reconnaissance.

J'avais encore écrit la veille à mon cher enfant; à la réception du courrier, ce fut la mère qui lut à son fils cette lettre, comme elle lui avait lu la précédente. Il écoutait avec une grande attention et une pieuse avidité. « Dans quel sens, lui disais-je, notre neuvaine va-t-elle être exaucée? Allez-vous mieux? ou, si votre état s'aggrave au contraire de jour en jour, votre patience et votre résignation augmentent-elles en proportion, ainsi que vos désirs d'aller chez le bon Dieu?... Que ne puis-je être et rester auprès de vous, pour vous assister moi-même constamment!... Une chose me console, c'est la foi, la piété, l'esprit surnaturel de vos parents. Ce que je ne puis faire, ils le feront, car avant tout ils veulent le salut et le bonheur éternels de leur Adrien bien-aimé... » Cette correspondance et nos rapports intimes de directeur à pénitent me valurent le privilège d'une large part dans ses pensées et dans ses prières durant les derniers jours de sa maladie ; et ils me font espérer l'avantage d'un souvenir spécial de lui devant le bon Dieu et aux pieds de la Bienheureuse Vierge.

A son retour, la Sœur Supérieure le retrouva calme, mais bien abattu. « Il s'était uni, dit-il, d'intention aux prières qu'on avait faites pour lui ; seulement il n'avait pu prier lui-même. » En effet, un lourd sommeil, avant-coureur de la mort, avait plusieurs fois pesé sur ses paupières et engourdi ses membres défaillants. Il exprima alors le désir d'avoir toujours du monde à côté de lui : il lui arrivait de prendre peur. De temps en temps il se croyait sur le bord d'un abîme ; et il lui fallait la présence et la parole de quelqu'un pour le rassurer. Sans doute, le démon voulait essayer de jeter le trouble dans l'âme du petit malade, et de lui inspirer quelque défiance de la bonté divine par de vaines alarmes. Mais il perdait sa peine ; car Adrien, sans se laisser tromper, redoublait d'efforts pour prier malgré l'accablement de la nature : il multipliait plus que jamais les oraisons jaculatoires et les actes de conformité à la sainte volonté de Dieu. Brûlant de briser les liens de la chair pour être avec le Christ, il s'écriait de temps en temps avec une ardeur inconcevable : « Venez, mon Jésus, vous voyez bien que je n'en puis plus ! » ou encore : « Mon bon Jésus, venez, venez, je suis prêt ! »

Toute cette dernière matinée, il invoqua souvent son bienheureux patron Stanislas Kostka. Quand on l'interrogeait sur ses douleurs et qu'on le plaignait : « Qu'est-ce que je souffre, disait-il, en comparaison de ce qu'a souffert mon saint patron? Hélas ! je ne souffre pas assez ! » Comme ces amis passionnés de la souffrance qui, dans les maux du corps ou dans les épreuves de l'âme, s'écriaient : *Encore plus*, *Seigneur*, *encore plus !* le petit séminariste mourant ne craignait rien tant que de ne pas avoir assez souffert; il ne désirait rien tant que de souffrir davantage. — O mon Dieu, que ne pouvait-on pas se promettre de cet enfant pour l'avenir, quand, si jeune, il rivalisait déjà de vertu, de générosité avec des âmes consommées en perfection!

LA MORT

A midi, pendant le dîner, ce fut M. Hénault qui resta près de son fils. Il s'aperçut bientôt qu'Adrien déclinait rapidement; en proie à l'anxiété la plus vive, il attendait avec impatience la fin du repas. Tout à coup, n'y tenant plus, il appelle. On accourt aussitôt. L'angoisse est peinte sur tous les visages, l'émotion étreint tous les cœurs. Le petit moribond semble n'avoir plus que le souffle. La bonne sœur s'approche et prononce à son oreille des invocations qu'il s'efforce de répéter pieusement. Il va, croit-on, s'éteindre dans la paix la plus profonde, et rendre sans secousse nouvelle son esprit à son Créateur. Mais non! le cher enfant, durant sa courte maladie, n'a fait qu'édifier et ravir les témoins de sa patience, de sa douceur, de sa piété et de sa résignation; il est dit qu'il va les édifier et les ravir jusqu'au dernier instant.

Tout à l'heure il avait à peine la force d'articuler une parole: pour l'entendre, il fallait approcher l'oreille de sa bouche et presque lire sur ses lèvres. Soudain, d'un ton suppliant et lamentable, d'une voix vibrante et très forte, quoique entrecoupée, il s'écrie: «Mon bon Jésus!... prenez, prenez mon âme .... je vous redonne mon âme .... je la remets entre vos mains!» On l'entendait du dehors. Puis toujours aussi haut et aussi distinctement, il réitère le sacrifice de sa vie par un acte de parfaite soumission à la sainte volonté de Dieu. Il répète ensuite ces chères invocations qu'il avait si souvent faites pendant sa maladie et que depuis des années il récitait tous les jours à son lever et à son coucher: « *Omnia Jesu per Mariam*; tout à Jésus par Marie ! — Doux cœur de Jésus, soyez mon amour ! — Doux cœur de Marie, soyez mon salut ! » et celles-ci, qui revêtaient un si touchant caractère d'actualité : « Jésus, Marie, Joseph, je vous donne mon cœur, mon esprit et ma vie ! Jésus, Marie, Joseph, assistez-moi dans ma dernière agonie ! Jésus, Marie, Joseph, faites que je meure en paix dans votre sainte compagnie ! » Alors, prenant pour ainsi dire à partie la très sainte Vierge, il lui parle avec un redoublement de tendresse et un abandon tout filial ; il lui renouvelle sa consécration par la belle prière du Père Zucchi : *O ma Souveraine, ô ma Mère !...* Il la conjure de se souvenir qu'il est son enfant, son petit congréganiste ; qu'il lui adressait sa consécration quotidienne non seulement pour lui-même, mais aussi pour ses chers parents, afin qu'il fussent tous un jour réunis avec lui dans le Paradis.

Cette scène, celles qui l'ont précédée, celles qui vont suivre pourraient porter à croire que j'idéalise mon héros, et que je poétise les faits : que Dieu m'en garde ! je me borne au contraire à reproduire aussi scrupuleusement que possible la relation de la Sœur Supérieure d'Ozoir, témoin oculaire et auriculaire, relation contrôlée elle-même et confirmée par les récits des parents et de M. le Curé. Mais *le Seigneur tire la louange la plus parfaite de la bouche des enfants* (1) ; l'action divine explique les merveilles de cette agonie.

Adrien continuait ses oraisons, au milieu de la stupeur et de l'admiration générales. Il réclama instamment le secours de son ange gardien, de ses patrons, et en particulier celui de son cher petit saint Stanislas. Puis, tenant en main le crucifix et l'embrassant amoureusement, il demanda de nouveau miséricorde à son bon Jésus, avec un accent si pénétré et si pénétrant, qu'autour de lui ce fut une explosion de sanglots et de larmes. « Mon bon

(1) *Ex ore infantium et lactentium perfecisti laudem...* Psalm. VIII, 3.

Jésus, suppliait-il, je vous demande pardon de tous mes péchés, depuis le plus petit jusqu'au plus grand; de tous ceux que j'aurais pu faire commettre aux autres; j'en ai une extrême douleur... pardonnez-moi par vos mérites infinis! » Puis il invoque encore la Sainte Vierge, patronne des mourants; il lui demande en grâce de ne point quitter la vie avant d'avoir vu tous ses frères réunis à son chevet, et d'avoir pu leur adresser ses dernières recommandations. Ceux-ci se trouvaient momentanément absents; et l'un d'eux, Joseph, étudiant en médecine, n'était pas encore arrivé de Paris. « O Marie, ma mère! disait-il, vous que j'ai priée tous les jours de ma vie, vous ne pouvez pas me refuser cette grâce! c'est pour le bien des âmes, c'est pour la gloire de votre divin Fils! » Il se préoccupait particulièrement de son cher Joseph; il conjurait la Vierge Sainte de le garantir des séductions de la grande ville, de le préserver du péché mortel, de lui garder la foi de la famille, une foi vive et pratique.

Alors,ses vues s'élargissent, son cœur se dilate. Il prie pour Notre Saint-Père le Pape, pour l'Eglise; il prie pour son pasteur, pour le Supérieur du petit séminaire, pour ses maîtres et ses condisciples. Il a un souvenir spécial pour son directeur, pour son professeur: il les remercie de leur bonne affection et de leur sollicitude. A ses maîtres et à ses condisciples il envoie l'expression de ses regrets pour les déplaisirs qu'il aurait pu leur causer. Il rend aussi grâces aux bonnes sœurs et surtout à sa chère garde-malade, pour les soins dont elles l'ont entouré, et il leur promet de les en récompenser de son mieux quand il sera en possession du ciel.

Ensuite, il revient encore à ses parents. Il demande de nouveau pardon à son père et à sa mère des peines et des tourments qu'il leur a donnés. Il les exhorte à bien veiller sur leurs enfants, à ne jamais les perdre de vue, afin de les conserver dans l'innocence et d'assurer leur salut; et d'une voix suppliante il ajoutait: « Maman, tu me le promets, n'est-ce pas? Enfin, il fait à tous ses adieux: « Adieu, bon papa; Adieu, bonne maman! Adieu, chères petites sœurs! Adieu, chers frères absents, si je ne vous revois plus!... Oh! j'ai de la peine à vous quitter.... Je vous regrette.... *autant que le bon Dieu me le permet*!!!» Il fait encore approcher la plus âgée de ses sœurs, Marthe: « Ma chère petite sœur, lui dit-il, tu es dans une bonne pension: profites-en bien... sois toujours bien sage.» Le pauvre malade n'en pouvait plus; sa voix était devenue rauque et caverneuse; il semblait qu'elle ne pût sortir qu'en lui déchirant la poitrine. « C'est assez, mon cher enfant, lui dit sa mère; c'est assez: le bon Dieu ne t'en demande pas davantage; repose-toi.» Adrien répond aussitôt: « Oui, bonne maman, je t'obéis.»

Cette scène si émouvante, digne à mon sens de la vie des saints, durait depuis une demi-heure. Les assistants ne pouvaient revenir de leur admiration. « Est-ce donc là mourir? se demandaient-ils; comme la mort est belle pour qui a bien vécu!»

Epuisé par les efforts qu'il avait faits, le fervent malade resta assez calme pendant environ une heure et demie. On l'entendait seulement de temps en temps murmurer: « Mon bon Jésus, venez, venez, je suis prêt!» Dans l'intervalle, on récita près de lui le rosaire, et on fit la neuvaine à la Sainte Face.

Nous avons parlé du vif désir qu'avait témoigné Adrien de voir son frère Joseph avant de mourir, et de l'ardente prière qu'il avait adressée à la sainte Vierge pour ce sujet. Marie devait lui accorder cette consolation d'une certaine manière: le regret de ne l'avoir point vu n'attristerait point son dernier moment. Joseph n'arrivait pas; mais, à peu près dix minutes avant trois heures, Adrien se dresse de lui-même sur son séant; son visage est tout épanoui, ses yeux brillent de joie, ses bras s'étendent comme pour y appeler son frère, puis ils se referment comme s'il le pressait réellement contre son cœur. « O mon cher Joseph, dit-il, te voilà enfin! que je suis heureux de pouvoir te faire moi-même mes suprêmes recommandations! » Il continue de lui parler avec une tendresse ineffable, le conjurant de bien garder la grâce du bon Dieu et de rester fervent chrétien. Puis il se recouche tranquillement, le sourire aux lèvres.

Trois heures sonnent. Tout le monde se met à genoux pour réciter cinq *Pater* et cinq *Ave*, en l'honneur de la Passion. Le petit moribond, malgré le complet épuisement de ses forces, cherche encore à s'unir aux prières. La douce et pure victime touche à la consommation de son sacrifice.

Le cinquième *Pater* est commencé. Tout à coup, Adrien jette un cri déchirant; il se lève d'un bond comme mû par un ressort. Le voici tout debout sur sa couche, effaré, tremblant, les mains étendues et frémissantes. Ses yeux pleins de terreur, démesurément ouverts comme à l'aspect d'une horrible vision, sont fixés sur le chevet du lit; sa physionomie décomposée, bouleversée, s'est empreinte d'une angoisse indicible et d'une inexprimable épouvante. Il se détourne brusquement pour fuir, ce semble, devant un animal féroce qui s'élancerait sur lui et voudrait le dévorer ; son père, qui s'est approché pour le soutenir, reçoit une égratignure au visage. En même temps, le pauvre enfant crie de toutes ses forces et avec un accent inoubliable de supplication : « Jésus! Marie! Joseph! à mon secours!!!... Marie! Marie! Marie! à mon secours!!!... Marie! Marie! Marie!!!... »

Le dernier et terrible combat ne dura que le temps de jeter au mourant de l'eau bénite, de lui en tremper la main et de lui faire faire le signe de la croix. La vertu de l'eau bénite et du signe de la croix lui rendit le calme comme par enchantement. Il se remit doucement sur son oreiller; et bientôt ses traits fatigués et convulsionnés n'exprimèrent plus que la quiétude et la paix du triomphe.

Cependant l'effort surhumain qu'il venait de faire avait tari dans son sein les sources de la vie. Par une coïncidence toute providentielle, M. le Curé arrivait à ce moment même, juste à temps pour donner au cher enfant une suprême absolution et recevoir son dernier soupir. Un élu de plus était au Ciel!!!... La dernière parole du petit congréganiste avait été: *Marie!* et cette Mère bien-aimée, répondant à son appel éperdu, lui avait amené le prêtre pour le bénir et l'absoudre immédiatement avant son entrée dans l'éternité. Quelle attention délicate, et quel nouveau gage d'espérance!

Mais que penser et que dire de ce spectacle, aussi pénible qu'étrange, auquel un récit fidèle vient de nous faire assister?... Ne faut-il voir ici que la lutte finale de la nature contre la mort, lutte parfois terrible, quand le malade expire en quelque sorte plein de vie? ou faut-il y voir autre chose, quelque chose d'extraordinaire, de surnaturel? Adrien mourait consumé par la phtisie; au paroxysme de la grande fièvre qui l'épuisait rapidement, il était toujours resté très calme, très tranquille, presque sans mouvement. Il faut reconnaître que tout cela n'est guère favorable à la première hypothèse, à l'hypothèse d'un accès morbide. Au contraire, que la beauté de cette âme virginale, qui s'en allait si visiblement au ciel, ait provoqué la rage de l'enfer, y a-t-il lieu de s'en étonner? Du reste, l'attitude du cher malade dans la circonstance, ses gestes, ses cris, tout n'incline-t-il pas, tout n'autorise-t-il pas à croire que le démon aura voulu le troubler par un furieux assaut, et l'effrayer en se montrant à ses yeux sous une forme hideuse? Alors, il serait arrivé à notre bien-aimé défunt quelque chose de semblable à ce qui arriva à son patron Stanislas Kostka. On sait que le jeune saint dans la maladie qui, avant son entrée en religion, le conduisit aux portes du tombeau, vit le démon, sous la figure d'un énorme chien noir, se jeter sur lui à plusieurs reprises en essayant de l'étrangler. Ce serait un trait de ressemblance de plus entre l'imitateur et son modèle.

Quoi qu'il en soit, Adrien était mort! Le cher enfant avait exhalé son dernier souffle sous le regard et entre les bras de son vénéré pasteur. On le vit s'éteindre doucement, comme une lampe à bout d'huile ; ou plutôt, il parut s'endormir, et en effet il s'endormit dans le baiser du Seigneur ; et ses derniers instants furent si paisibles qu'on ne put saisir le moment précis de son passage de cette vie à une meilleure.

Après le trépas de leur frère, les deux plus jeunes de la famille firent chacun leur réflexion. Henri dit : « Moi, j'irai prendre la place d'Adrien au séminaire. » Et la petite Marie, âgée de quatre ans : « Adrien est allé au ciel le premier pour nous préparer des places ; plus tard nous fermerons toutes les portes de la maison, et puis nous partirons aussi pour le ciel ! » Marthe fondait en larmes. M. Hénault avait le cœur navré de douleur, tout en baisant la main qui le frappait si rudement. Quant à la mère, si forte et si aimante à la fois, elle se consolait du départ de celui qu'elle avait rêvé de voir un jour à l'autel, par la pensée que là-haut il serait l'ange gardien de toute la famille. L'un et l'autre, du reste, étaient parfaitement dans les mêmes sentiments ; et, si Mme Hénault faisait à la sœur cette confidence — que tous les jours elle demandait à Dieu de lui prendre ses enfants, plutôt que de leur laisser perdre la foi ou les mœurs, — le père me disait naguère en parlant de son cher défunt : « Celui-là, du moins, son salut est en sûreté ; mais, les autres ? hélas ! que de dangers pour eux ! et que d'alarmes pour nous !... » De leur côté, Charles et Jules étaient inconsolables.

Enfin arriva Joseph, ce frère qu'Adrien avait tant réclamé. Joseph interroge avec anxiété ; on ne lui répond que par des sanglots, et on le conduit près du lit funèbre. Oh ! quel coup pour une âme sensible ! quel déchirement ! Ses larmes redoublent, quand il apprend la part exceptionnelle qu'il a eue dans le souvenir et dans les prières du cher agonisant, et quand on lui répète les tendres et brûlantes recommandations tombées pour lui de sa bouche mourante. Ces recommandations, elles ont pénétré, n'est-ce pas ? Joseph, jusqu'au plus intime de votre cœur, et jamais, non jamais, vous ne voudrez ni ne pourrez les oublier!

M. le Curé d'Ozoir voulut lui-même ensevelir le bien-aimé défunt: il fut aidé par la Sœur Supérieure dans cette pieuse et triste fonction. Seules, des mains consacrées et celles d'une vierge chrétienne étaient dignes de rendre les derniers devoirs à cette précieuse dépouille, qu'avait habitée une âme si pure et si agréable à Dieu. D'ailleurs, jamais la mère n'eût consenti à ce que des mains profanes et étrangères remplissent ce religieux office à l'égard du corps inanimé de son cher enfant.

Le soir de ce même jour, mercredi 27 avril, à huit heures, nous recevions au séminaire un télégramme qui nous annonçait la funèbre nouvelle. On la communiquait quelques instants après aux élèves réunis à la chapelle. L'émotion serra tous les cœurs, et on fit jaillir une prière ardente pour ce petit condisciple si rapidement enlevé à l'estime et à l'affection universelles.

Le lendemain, une lettre, écrite avant la catastrophe, nous arrivait et était immédiatement lue par M. le Supérieur à la communauté. « Votre cher élève, disait M. Hénault, va probablement rendre sa belle âme à Dieu d'ici peu : il va s'endormir dans la paix du Seigneur, comme un ange! Notre douleur est bien grande; mais quelle consolation de le voir quitter la terre, le sourire et la prière sur les lèvres!... Il a été le modèle de l'abnégation, pendant toute sa maladie... » — « Mes enfants, ajouta M. le Supérieur d'une voix entrecoupée, nous devons au cher petit défunt le *De Profundis*, mais nous pouvons dire aussi le *Te Deum* et le *Magnificat*! »

Presque à la même heure, les pauvres parents recevaient une nouvelle lettre du directeur de leur enfant, et leur cœur se fendait en lisant des choses comme celles-ci : « Pas de nouvelles, bonnes nouvelles, dit-on: est-ce vrai pour ce qui vous regarde? Iriez-vous mieux? Le Ciel vous laisserait-il à la terre pour vous y purifier encore davantage?... Aimer, prier, souffrir, mais souffrir surtout, ce sont là les éléments de la vraie vie chrétienne, ce sont là les clefs sûres du Paradis. Aimez donc, mon cher petit enfant, priez et acceptez les souffrances que le bon Dieu vous envoie, de quelque façon qu'elles doivent se terminer... N'oubliez pas de rappeler souvent à la Sainte Vierge que vous êtes son petit congréganiste; que, comme tel, Elle vous doit plus qu'à d'autres des preuves de sa tendresse maternelle. Enfant de Marie, invoquez votre douce Mère!... » L'enfant de Marie s'était envolé dans les bras et il reposait sur le cœur de sa Mère du ciel!

Cependant la neuvaine à la Sainte Face, commencée pour la guérison du corps, continue partout pour le repos de l'âme d'Adrien. On écrivait à Tours : « Le cher enfant, pour lequel vous priez, est mort, mais dans des dispositions ravissantes et comme chacun de nous demande à Dieu de mourir... Dites le *Magnificat* avec nous: une pareille mort vaut mieux que cent guérisons corporelles!... » Et à un de ses petits condisciples, malade lui-même : «... Sa fin a été celle d'un prédestiné: c'est un ange qui s'en est retourné au ciel. Il était si bon, il était si pieux, il était si pur! Qu'il est beau, qu'il est doux de mourir comme il est mort!... » A Saint-Cheron, il devait y avoir bien des communions d'offertes à son intention, comme aussi bien des chapelets et des chemins de croix. On priait pour lui; mais on le priait aussi, dans la persuasion qu'il était déjà en possession du bonheur éternel.

LES OBSÈQUES

L'inhumation était fixée au vendredi 29. Dès la veille au soir, M. le Supérieur et moi nous arrivions près de la famille éplorée. On nous introduit dans la chambre, transformée en chapelle ardente, où, sur le lit funèbre, reposait notre cher Adrien, revêtu de son costume de petit séminariste, couronné et tout enguirlandé de roses blanches par les soins de la Sœur, le crucifix sur la poitrine, ses médailles au cou, son chapelet enlacé dans les doigts. Nous ne pouvions nous lasser de contempler cette physionomie pâle et sereine, grave et douce à la fois, que la mort avait touchée sans la flétrir : on eût dit l'ange des fleurs endormi sur un lit de roses !... Puis, nous consolions par les pensées de la foi, et nous étions nous-mêmes consolés par le récit des merveilles de cette maladie et de cette mort. Nous ne savions à qui entendre : chacun avait à nous raconter des traits particuliers, toujours on ne peut plus édifiants, souvent sublimes. J'eus le bonheur de faire une veille, bien trop courte à mon gré, près de la dépouille mortelle de mon cher enfant ; j'aurais voulu passer toute la nuit dans une religieuse contemplation de ces restes vénérés, et dans la méditation des leçons et des exemples que le petit défunt avait laissés aux vivants.

Le vendredi matin, vers neuf heures, Adrien fut déposé dans son cercueil. Tout le monde vint se mettre à genoux à l'entour ; et, quand fut arrivé le moment de clore la bière, je pus prononcer ces quelques paroles qui furent accueillies par un redoublement de larmes et de sanglots : « Père, mère, frères et sœurs, garde-malade, père spirituel, tous, cher Adrien, nous vous disons *adieu !* ou plutôt, *au revoir !* Nous serons fidèles au rendez-vous que vous nous avez donné au ciel ; vous, soyez fidèle à nous y préparer des places ! Puisse notre fin ressembler à la vôtre ! *Adieu!* enfant bien-aimé ; *au revoir !* dans un monde meilleur où nous ne serons plus jamais séparés ! » Alors, tour à tour, chacun colla tendrement et respectueusement ses lèvres sur les mains et sur le front de la chère dépouille. Le cercueil fut fermé. Pas bien longtemps après arrivaient les condisciples du petit défunt, trop tard, hélas ! pour le voir dans la douce majesté de la mort et l'embrasser une dernière fois.

Les obsèques de cet humble enfant, qui avait vécu caché et presque inconnu, furent relevées par une assistance magnifique. On eut pourtant à regretter l'absence de M. le chanoine Hénault, alors sérieusement malade d'une pleurésie; ce lui fut une grande privation de ne pouvoir conduire à sa dernière demeure son filleul bien-aimé, dont il avait toujours encouragé les efforts et suivi les progrès avec une si tendre sollicitude, et dont il admirait en secret les précoces vertus. Mais il y avait là, outre une députation de maîtres et d'élèves de Saint-Cheron, presque toute la population de la paroisse et un bon nombre de personnes des paroisses voisines. Le recueillement était sur tous les visages, l'émotion au fond de tous les cœurs.

Avant l'absoute, M. le Curé monta en chaire, et trouva des accents qui remuèrent profondément l'auditoire et firent couler bien des larmes. En face de cet adolescent si prématurément couché dans le cercueil, il fit entendre les grandes et salutaires leçons de la Sagesse divine. Il montra qu'en peu de jours on peut remplir une longue carrière; que ce qui fait la vieillesse vénérable, ce n'est pas le nombre des années, mais l'innocence de la vie et la parfaite soumission à la loi du Seigneur. « Ainsi, cher Adrien, s'écriait-il, enlevé à la fleur de ton âge, tu n'en as pas moins vécu une longue vie; tandis que des vieillards, accablés sous le poids des ans, s'ils ont blanchi dans l'oubli de leurs devoirs, ont à peine commencé à vivre et ne sont que des enfants devant Dieu! »

Puis, après avoir dit que le Seigneur l'avait retiré de ce monde, de peur que le contact du monde ne fût préjudiciable à son innocence, il parla de la patience inaltérable du petit malade, de son entier abandon entre les mains de la bonne Providence, de son esprit de foi et de pénitence, de la tendre affection qu'il portait aux siens, du zèle ardent et tout apostolique qu'il fit paraître pour le salut de ses frères et de ses chères petites sœurs. « Petit saint André sur sa croix, continuait-il, quelle prédication touchante, quelles pressantes exhortations à tous ses frères et sœurs d'aimer le bon Dieu, de ne jamais abandonner leurs devoirs de chrétiens! quelle ardeur, quelle persévérance dans ses prières! et, jusque dans les déchirements de l'agonie, quelle force dans ses invocations: Jésus! Marie!!! Jésus! Marie! à mon secours! »

Ensuite, après avoir touché un mot de la grande et incomparable science qu'il avait apprise au séminaire, la science de bien mourir; après avoir dit le désir brûlant qui le consumait de parvenir au sacerdoce, désir que les persécutions dont le sacerdoce est l'objet de nos jours ne faisaient qu'enflammer davantage, M. le Curé ajoutait: « Adrien prêtre! c'était l'espoir, c'eût été la bénédiction de sa belle et nombreuse famille! c'était le désir de son bon père, le rêve de sa pieuse mère! Quelle joie, quel ravissement pour cette mère de le voir un jour monter au saint autel, immoler la grande Victime! Mais, c'est une autre victime qu'il devait offrir... La victime, la voici: c'est lui-même!... Doux et chaste Isaac, quelle docilité à porter le bois de son sacrifice! O père, ô mère, vous l'avez offert si généreusement! Dieu l'accepte de vos mains paternelles, de votre cœur maternel. Le sacrifice est consommé: la flamme du saint amour a dévoré sa victime! Regardez, pieuse mère, regardez votre Adrien; essuyez vos larmes: voyez sa belle âme prendre son vol vers le séjour des élus. Votre foi lui a dit avec tant de courage: *Pars, mon cher fils, pars pour le Ciel!* Oui, *in paradisum, in paradisum!* chère victime, montez au ciel! Ouvrez-vous, portes éternelles, au cri de nos prières, à la voix du sang de l'agneau divin! Montez au ciel, aimable ambassadeur de la famille, de la paroisse, de vos maîtres, de vos amis! Montez au ciel, et de là consolez ceux qui pleurent votre absence: *Memento mei, cum veneris in regnum tuum* (1)! Montez au ciel, où vous appellent les saints anges et le chœur des vierges; au ciel, où vous attendent Jésus et Marie que vous avez tant aimés et qui sans doute vous couronnent à cette heure! *Amen!* »

(1) Souvenez-vous de moi lorsque vous serez parvenu dans le royaume que Dieu vous a préparé. Luc. XXIII. 42.

Tous les yeux s'étaient remplis de pleurs ; les pauvres parents étouffaient leurs sanglots. Mais, en même temps, les âmes s'élevaient à Dieu, et, des hauteurs surnaturelles, elles rapportaient d'intimes et ineffables consolations.

M. le Supérieur du Petit Séminaire voulut aussi en quelques paroles émues dire un dernier adieu à notre enfant. « *Moriatur anima mea morte justorum, et fiant novissima mea horum similia !* (1) Puissé-je mourir de la mort des justes, et que ma fin ressemble à la leur ! » Tel fut son texte. Partant de là, il se prit à admirer la conduite de la divine Providence, qui se plaît à exalter les humbles, et à donner aux petits enfants une sagesse supérieure à celle de leurs maîtres, supérieure à celle des vieillards : *Super omnes docentes me intellexi !... super senes intellexi !...* (2) Puis, il s'exhorta lui-même, il exhorta ses auditeurs à redevenir de petits enfants par la simplicité de la foi, par l'humilité et la docilité du cœur, et par l'innocence de la vie, pour entrer dans le royaume des cieux à la suite de l'aimable et doux Adrien ; car : *Talium est regnum cœlorum !* (3) et : *nisi... efficiamini sicut parvuli, non intrabitis in regnum cœlorum* (4) !

Après cela, s'inspirant de cette parole du Cantique des cantiques : *Dilectus... descendit in hortum suum... ut... lilia colligat* (5). *Le Bien-Aimé est descendu dans son jardin pour y cueillir des lis !* il représenta le Petit Séminaire comme un jardin fertile et béni de Dieu ; dans cet enclos fortuné est un parterre, la Congrégation de la Très Sainte Vierge, où s'épanouissent les fleurs des vertus et surtout le blanc lis de la chasteté. « Jésus, le fils bien-

(1) Num. XXIII. 10.

(2) Psalm. CXVIII. 99-100.

(3) Le royaume des cieux est à ceux qui leur ressemblent. Matth. XIX. 14.

(4) Si vous ne devenez comme des petits enfants, vous n'entrerez pas dans le royaume des cieux. Matth. XVIII. 3.

(5) Cant. VI. 1.

aimé de Marie, est venu dans ce parterre: entre toutes les fleurs, un lis d'un éclat immaculé, d'un parfum délicieux, a captivé ses yeux divins ; il l'a cueilli avec amour, et l'a emporté dans le ciel pour en faire hommage à sa Mère chérie. « C'est ainsi que notre Adrien a quitté cette terre : son innocence et la bonne odeur de ses vertus ont ravi le Fils de Dieu ; enlevé dans les bras de Jésus, il repose maintenant, ô Marie, sur votre sein virginal, sur votre cœur maternel !... Heureux enfant, qui as mérité d'être ainsi l'objet des prédilections de Jésus et de la Vierge ! Heureuse famille qui, au lieu d'un prêtre à l'Église, as donné au ciel un élu ! Heureux parents, heureux frères, heureuses sœurs, qui avez maintenant là-haut un ange gardien de plus ! Heureuse paroisse, qui as reçu, de la maladie et de la mort de cet enfant, des leçons si belles et si salutaires ! Heureux Petit Séminaire, qui as abrité, qui as vu grandir avec tant d'édification ce jeune prédestiné ! Heureuse Congrégation, qui as pu offrir de telles prémices à ta Reine Immaculée ! »

Enfin, en terminant, il conjurait le cher enfant de consoler ceux qui le pleurent, d'obtenir à tous ceux qu'ont édifiés sa vie et sa mort, la grâce de marcher sur ses traces et de participer à sa gloire dans la céleste patrie.

L'heure était venue de conduire la dépouille mortelle d'Adrien à sa dernière demeure. Les domestiques de la maison avaient demandé et obtenu la faveur de porter le cercueil de leur jeune maître, de cet enfant que ses vertus leur avaient appris à aimer et à vénérer. Quatre de ses condisciples tenaient les cordons du poêle ; d'autres portaient des couronnes.

Quand le corps eut été déposé dans le caveau de famille, et qu'on eut prononcé sur lui les dernières prières, chacun se retira, grave et pénétré, emportant avec soi un trésor de suaves impressions et de réflexions salutaires. De tous les cœurs à toutes les lèvres montait spontanément cette parole de la sainte Écriture : *Bienheureux ceux qui meurent dans le Seigneur! Beati... qui in Domino moriuntur!* (1)

L'effet de cette cérémonie funèbre sur la nombreuse assistance avait été profond. Bien des yeux qui ne savaient plus pleurer n'avaient pu retenir d'abondantes larmes; et bien des âmes, déshabituées des émotions religieuses, avaient senti en elles se réveiller la foi et naître de bons désirs qui, j'aime à le croire, porteront des fruits en leur temps. Puisse le souvenir du juste les ramener bientôt dans les sentiers de la justice, comme il y affermira et y fera avancer ceux qui y marchaient déjà!

CONCLUSION

Au séminaire, c'était à la fois le deuil et le ravissement; vivant, tous aimaient Adrien et l'estimaient, et certes il le méritait bien : depuis sa mort, l'affection et l'estime s'étaient changées en admiration et en une sorte de culte religieux.

Le dimanche qui suivit son bienheureux décès, ce fut lui qui prêcha à la grand'messe par mon intermédiaire, et sa prédication trouva facilement le chemin des cœurs. L'évangile du jour commençait par ces mots : *Modicum, et jam non videbitis me; et iterum modicum, et videbitis me, quia vado ad Patrem* (2). — *Un peu de temps, et vous ne me verrez plus; puis encore un peu de temps, et vous me verrez, parce que je m'en vais à mon Père.* Ce fut mon texte : en pouvait-on trouver un qui fût mieux approprié à la circonstance? Après avoir fait mon possible pour dominer mon émotion et assurer ma voix, je racontai les beaux exemples de la pieuse vie d'Adrien et les merveilles de ses derniers jours. L'éloge du mort me fournit pour les survivants matière abondante à d'utiles et précieuses leçons. L'entretien fut long : mais

(1) Apoc. XIV, 13.
(2) Joan, XVI, 16.

mon jeune auditoire ne se lassait pas plus de m'entendre que moi-même de parler sur un sujet à la fois si édifiant et si cher.

Dans les premiers de mai, à la teneur des lettres que nos enfants envoyèrent à leurs parents, on s'aperçut que l'impression avait été immense. Pas un de nos élèves qui n'y parlât avec enthousiasme du petit défunt, et qui ne manifestât l'intention de n'en point rester à une admiration stérile. Un bon nombre d'entre eux se sont mis sérieusement à l'œuvre, et ils ont résolu et promis soit d'être comme lui des séminaristes exemplaires et irréprochables, soit même de le remplacer dans la Congrégation de la Très Sainte Vierge. Telle est la première bénédiction que, du haut du ciel, Adrien fait descendre sur la maison qui l'a élévé et qu'il chérissait tant.

Quant à ses parents selon la chair, ils le pleurent et le pleureront encore. Cependant, à travers leurs larmes, on découvre la résignation, la paix, presque de la joie, une joie sérieuse, douce, ineffable, une joie sainte, la joie de le savoir au Paradis; de penser que, là-haut, il les voit, les suit, les aime et leur prépare une place selon sa promesse. La famille Hénault était une famille très chrétienne; mais, depuis qu'elle a envoyé un de ses membres en ambassade auprès du trône de Dieu, un nouveau souffle d'esprit surnaturel et de ferveur a passé sur elle; chacun prétend marcher sur les traces de l'ange que le Seigneur a rappelé à Lui, et veut, en accomplissant de mieux en mieux ses devoirs d'état et de religion, établir sa conversation dans le ciel. Telle est la première bénédiction qu'Adrien a puisée dans les trésors divins pour la répandre sur ses parents bien-aimés.

Au petit séminaire encore, le jour de la Saint-Cyrille, fête de M. le Supérieur, un congréganiste de rhétorique eut l'heureuse idée de convier le cher défunt à prendre sa part de la solennité, et à mêler son pieux hommage à ceux dont ses condisciples allaient offrir le tribut annuel à leur vénéré Père. J'ai cru qu'on ne serait pas fâché de retrouver ici quelques strophes de cette petite composition. Après l'invocation vient une allégorie suivie de son application et d'une prière.

Ange terrestre, envolé dans les cieux,
Cher Adrien, écoute ma prière,
Et dicte-moi des chants harmonieux
Qui charment notre Père !

. . . .
. . . .

Dans un bosquet de parfums embaumé,
Aimable et belle, une reine s'avance ;
Elle revoit un séjour bien-aimé,
Et sourit en silence.

Son doux regard contemple avec amour
Toutes les fleurs qu'a vu naître l'aurore,
Et les boutons que la chaleur du jour
Va bientôt faire éclore.

. . . .
. . . .

Sur un beau lis éclatant de blancheur
Son œil enfin s'abaisse avec tendresse ;
De ce beau lis sans doute la fraîcheur
A ravi la princesse.

Lis gracieux, ô lis épanoui,
Combien est pur l'éclat de ta corolle !
Que ta blancheur au regard ébloui
Offre un chaste symbole !

. . . .

La reine approche et le contemple... enfin
Bien doucement de sa tige détache
La jeune fleur éclose du matin,
La fleur pure et sans tache

Puis elle part avec son doux trésor,
La joie au cœur... Bientôt, près de la tige
Sans trop oser du lis plaindre le sort,
Le jardinier s'afflige.

. . . .

. . . .

Connaissez-vous cet aimable bosquet?
C'est cet asile, enfants du sanctuaire,
Où, de nos cœurs, s'exhalent en secret
L'amour et la prière.

Et le beau lis, c'est cet enfant pieux
Que parmi nous s'est choisi la Madone :
Elle l'a pris pour l'emporter aux cieux
Où sa main le couronne.

Lui sans regret, à la fleur de ses ans,
Il est parti vers l'heureuse patrie ;
Mais, de là-haut, il s'unit à nos chants :
Pour toi, Cyrille, il prie !

. . . .

. . . .

Ce tendre fils, il se souvient au ciel
De tes bons soins pour lui sur cette terre ;
Il va porter aux pieds de l'Eternel
Le nom béni d'un Père.

Cher Adrien, obtiens que sous sa loi
L'enfance vive heureuse ! et, pour Cyrille,
Fais de nous tous des enfants comme toi,
Au cœur pur et docile !

Je pourrais, avant de finir, parler de plusieurs notables faveurs, tant spirituelles que temporelles, dues ou du moins raisonnablement attribuées à l'intercession d'Adrien, depuis qu'il a quitté la terre. Mais il est grand temps que je m'arrête : ma tâche, d'ailleurs, est terminée. J'ai cru qu'il était de mon devoir de recueillir, comme des perles rares, ces souvenirs : paroles, leçons, exemples d'un pieux enfant. C'est avec bonheur que je l'ai fait. Seulement, j'ai peur que l'écrin, qui les enchâsse et les rassemble, ne nuise à l'estimation de leur valeur réelle. Je me rassure pourtant, dans la pensée que la pauvreté de l'écrin fera ressortir encore, par le contraste, la richesse et la beauté des joyaux qu'il renferme, et que ceux-ci donneront un peu de leur prix à celui-là.

Ce travail, en même temps qu'il m'a été doux, m'a été singulièrement profitable : puisse-t-il l'être de même à ceux qui le liront ! Oui, je sens que bien des grâces personnelles me sont déjà venues par le cher petit défunt, et j'en attends bien d'autres encore ! La mort, ce me semble, ne nous a point séparés : je vis avec lui ; je le vois près de moi ; je l'aime, combien plus !... Père, je m'efforce de me rendre digne de mon enfant, et je lui demande humblement de m'aider en cela, afin qu'après avoir vécu comme lui, je mérite de faire une mort semblable à la sienne !

L'ABBÉ DEUZET,

PROFESSEUR DE RHÉTORIQUE, AU PETIT SÉMINAIRE DE SAINT-CHERON-LEZ-CHARTRES.

8 septembre 1887, Fête de la Nativité de la Sainte-Vierge et de saint Adrien, martyr.

Permis d'imprimer :

† L. EUGÈNE,

Évêque de Chartres.

Tout récemment, le 8 avril, dans ce mois dont les derniers jours ramèneront le premier anniversaire de la mort de notre cher Adrien, son digne père écrivait à M. le Supérieur une lettre si bonne que nous ne pouvons résister au désir d'en donner ici quelques passages. L'ombrageuse modestiede M. Hénault s'en plaindra sans doute, mais sa charité nous pardonnera.

« Désirant, dit-il, faire revivre la présence de notre fils bien-aimé dans cette chapelle de Saint-Cheron qui a été si souvent témoin de ses ardentes prières pour ses besoins personnels, pour sa famille, pour ses maîtres vénérés et ses chers condisciples, je vous offre une somme de cent francs que vous pourrez affecter à l'achat d'un lustre, d'une lampe ou de quelque autre objet destiné à l'ornementation de votre église... » Plus bas on lit : « Souvent je crois encore voir le cher enfant à mes côtés, je crois l'entendre encore me parler des vertus du saint curé d'Ars, et je ne puis m'empêcher de laisser échapper une larme à ce souvenir... »

Les intentions de M. Hénault seront religieusement remplies. Une lampe va être placée devant l'autel de la Sainte Vierge : elle portera, gravée sur son contour, une inscription qui rappellera et conservera dans ces lieux la douce mémoire du fervent congréganiste. Pour fournir à son entretien, nous comptons sur les cotisations des membres de la Congrégation et sur les contributions volontaires des élèves : beaucoup se feront, maintenant et plus tard, un vrai bonheur de témoigner ainsi de leur fidèle amour pour Marie, *Notre-Dame des Clercs*, institutrice de leur jeune âge et gardienne de leur vocation.

La flamme de cette lampe symbolisera l'âme de l'angélique adolescent, qui a toujours brûlé d'un amour si vif et si tendre pour la divine Vierge ; elle sera aussi pour nos enfants comme une muette et perpétuelle exhortation à aimer et à servir Marie, du même cœur que l'aima et la servit leur admirable condisciple.

24 Avril 1888.

www.ingramcontent.com/pod-product-compliance
Ingram Content Group UK Ltd.
Pitfield, Milton Keynes, MK11 3LW, UK
UKHW022130260726
13993UKWH00003B/1341

9 782329 320823